トヨタで学んだ「紙1枚！」にまとめる技術

浅田すぐる

サンマーク文庫

文庫版まえがき

働き方改革、ビジネスチャット、リモートワーク、DX、等々。

2015年2月に、本書の単行本が発刊されてから6年。私たちのビジネス環境は大きく変わってしまいました。2020年には新型コロナウイルスによるパンデミックが発生し、こうした変化は更に加速しています。

「2020年代、令和の時代に、この本を改めて世に問う意味はあるのか?」

文庫化のオファーを受け、久々に原稿を熟読しながら自問しました。結果、最終的には「むしろ今こそ読んでほしい」という答えになりました。そこで、6年の空白を補うべく、このまえがきを添えることにします。

2020年代に「紙1枚」などと書かれたタイトルを見た読者の中には、「このデジタル完結の時代に何を言っているんだ」と思った人もきっといるでしょう。

まずは、そうした誤解を解くためのチューニングをさせてください。

そもそもこの本は「資料作成」をメインテーマとした本ではありません。

たしかに「紙1枚」による資料作成の技術についてもカバーはしているのですが、それは数ある活用例の1つにすぎません。

急速に一般化しつつあるビジネスチャットやリモートワーク等にも幅広く応用可能な、「紙1枚」書くだけの「思考整理」法について学ぶことができる。これが本書の守備範囲です。

加えて、更に踏み込んだことをこの段階から言ってしまえば、読書後のゴールは「紙1枚」による思考整理法を使いこなすこと、ではありません。

「紙0枚」による、「高度な思考整理力」と「コミュニケーション力」の修得。

これが、実践後の最終目的地です。いちいち紙に書きだすという行為をしなくても、すなわち「紙0枚」でも「紙1枚」と同等レベルの仕事ができるようになること。そうすれば、これから先「資料を伴うビジネスコミュニケーション」が減っていったとしても、柔軟に対応することができるからです。

これまでは、資料を作成しながら頭のごちゃごちゃを整理したり、考えをまとめたりすることができていました。ところが、この5年あまりの間に多くのビジネスパーソンが、「ビジネスチャットが導入されて以降、資料作成機会が減った」「会議や打ち合わせのスタイルが変わってしまった」「遠隔でのコミュニケーション機会が増え、事前準備なくいきなり話さなければならない場面が増えた」といった変化を体感するようになってきました。

「資料作成を通じた思考整理」という従来は当たり前だった基本動作を経ずに、いきなり報告・連絡・相談や提案・プレゼン等のコミュニケーションをしたらどうなってしまうのか？

「自分でも何を言っているのかわからなくなってしまった」
「ものすごく説明が長くなり、参加者の時間を奪ってしまった」
「相手に理解してもらえず、会議を何回もやることになってしまった」

こうした悩みの根本原因は、資料作成の機会が減ることによって、思考整理の機会を奪われているから。あるいは、「紙なし」シチュエーションのせいで、不十分な思考整理のまま仕事をすることが常態化しているからです。

だからこそ、これからの時代は資料作成法より思考整理法に重点を置いて、ビジネススキルを学ぶ必要がある。こうした問題意識から、この本は生まれました。

実際、本書には全部で34個の項目がありますが、ほぼラストにあたる33番目のタイトルには、**「最終的なゴールは、『紙0枚』で仕事ができるようになること」**と明記されています。

残念ながら、2015年当時のビジネス環境ではまだこのメッセージは時期尚早だったようで、記憶に留めてくれた読者はほとんどいませんでした。

以前はそれでもよかったかもしれませんが、もう時代は変わりました。

文庫化にあたり、今回は冒頭でしっかり明記しておきます。

これから先大切なのは、「資料作成」法よりも「思考整理」法であり、「紙1枚」にまとめながら思考整理力を磨くことで、最終的には「紙0枚」でも同等のことができるようにしていく。

頭のごちゃごちゃを整理し、しっかり考えをまとめることができさえすれば、それを資料にするか、メールで送るか、あるいはチャットやビデオ会議を通じて話すのか等については、状況に合わせていくらでも応用が可能です。いずれのスタイルであっても、短時間で相手に伝わる、わかりやすいコミュニケーションを量産していくことが可能になります。

本書で学ぶことができる「紙1枚」による「思考整理」法のルーツは、確かに私がトヨタ自動車株式会社（以下トヨタ）で日々作成していた、A4あるいはA

3サイズによる「紙1枚」資料です。

ですが、在宅勤務が増え、そもそも自宅にプリンターがなかったり、あっても印刷方法が限られたりするような仕事環境が増えています。当面は過渡期とはいえ、A4サイズならまだしも、さすがにA3資料の作成法はもう時代遅れのビジネススキルでしょう。

私自身は、単行本の発刊当時からこうした環境が到来することを予見していました。だからこそ、トヨタの「紙1枚」資料から本質的な要素を抽出し、誰もが気軽に、ほんの数分手を動かすだけで実践できるような手法として再構築する道を選びました。

本書で公開している「1枚」フレームワーク®＝「紙1枚」思考整理法が、その結晶です。

資料を作り、人数分印刷し、会議室に集まって仕事をする。

ほんの数年前までは当たり前だったこうした景色が、一変していく時代です。

あなたがもし、変化に戸惑い不安を感じているのであれば、今こそ本書に書かれている内容を実践してみてください。

最後に、この本は頭をフル稼働して「わかって」満足するタイプの本ではありません。体を動かし「実践して」「できて」「身につけて」満足する本です。

行動に移してほしいからこそ、トコトンわかりやすく、シンプルな文章にしてあります。簡単に読めてしまうかわりに、どうか残ったエネルギーを、実際に「紙1枚」書くことに使ってください。

そう心から願っています。

はじめに

たった「1枚」の紙で仕事が劇的に変わる!

「浅田くん、キミが作ってくれた書類だけど、とてもよくできているから、明日にも社長に見せることになったよ」

そう言って、上司は私が作った1枚の書類を手渡してくれました。

これは20代だったころの私が、勤務先のトヨタで体験したことです。

正直、驚きました。なぜなら当時、まだ若手だった私が自分で作った書類を見せるのは、課長、室長(一般的には次長)、部長、常務……どんなに大きな案件でも、専務くらいの立場にいる上司までだったからです。

ところが翌日、この資料は実際に社長の目に触れ、それをきっかけに、業務は一大プロジェクトへと発展していきました。

自分の作った、たった1枚の書類が、自分の手を離れ、まるで生き物のように一人歩きし、巨大な組織の中でトントン拍子に選ばれ続けていく。そして、仕事を大きく動かしていく。

この「細部まで磨き上げた書類を作成すると、1枚の紙が〝一人歩き〟する」というのは、トヨタ勤務時代に私が身をもって学んだことの1つです。

私はこのときの「1枚」がきっかけとなり、のちに自分の携わった仕事が日本一の評価を得るという、思いがけない実績にも恵まれることになりました。

さて、それではなぜ、この書類がこのような実績につながったのか？

細かい理由はいくつか挙げられますが、ほかの一般的な企業で作成されている書類と異なる、もっとも大きな特徴として考えられるのは、その書類が**「紙1枚にまとめられていた」**ことにあります。

私の用意した書類は、じっくり時間をかけて読み込んで初めて理解するようなものではなく、短時間で見て内容を把握できるものになっていました。仕事の判断材料となる、現状・課題・対策などの重要なポイントについて、考えに考え抜いたうえで、不必要な贅肉《ぜいにく》をすべて削《そ》ぎ落としたシンプルな表現のみを使い、なおかつそれらがひと目でわかるようレイアウトしてあったのです。

これはなにも、自分が書いた書類を自画自賛しているわけではありません。

実は、トヨタには、業務上の書類はすべてA3またはA4サイズの紙1枚に収める、という習慣が企業全体の文化として根づいています。

報告書、企画書、会議の資料や議事録、打ち合わせ時に使う書類、プレゼンテーション資料、スケジュール確認用のリスト、考課面談用の書類……どんな種類の書類も、そしてどんなに複雑な内容の書類も、原則「紙1枚」で作っていくのです。

したがって、私が冒頭の書類を作るときにも、この習慣にならいました。仕事の方向性が決まったあとも、日々1枚の書類を作成しながら、社内のコミュニケーションをはかっていきました。

正確に数えていたわけではありませんが、トヨタでの経験を通じて私が作成した「1枚」の数は、少なく見積もっても1000枚以上、ほかの人が作成したものを見て研究した数を含めると、累計3000枚以上にはなるでしょう。

そして、それらの「1枚」が、いかに仕事の質と効率を高めるかを、まざまざと実感してきました。

考え抜いて作られた1枚の書類は、機能する1枚となるのです。

仕事が円滑に進むようになるだけではなく、「紙1枚」にまとめる技術を駆使したことで、一時は年400時間を超えた残業時間も、ほぼゼロにすることができました。また、入社4年目のときには、アメリカに赴任するチャンスにも恵まれました。

「紙1枚」から受けた恩恵はそれだけではありません。

会議の場では話し合いを効率よく進めることに役立ち、新入社員時代には「紙1枚」によって仕事の進め方を学びました。

詳しくはおいおい説明していきますが、1枚の書類が、さまざまな仕事の場面において素晴らしいパフォーマンスを発揮してくれたのです。

これは、トヨタという企業の中だけに限らず、ほかのさまざまな場面で応用できる方法です。

どんなに複雑な内容の企画書も、報告書も、どんなに長い会議の議事録も、プレゼンテーションの資料も、仕事のスケジュールも進行管理も、とにかく「紙1枚」にまとめるように作っていく。

そうすれば、仕事の質も効率も飛躍的にアップすることを実感できるはずです。

仕事のできる人がやっている「まとめる」技術

ところであなたは、仕事上、考えたり、まとめたり、伝えたりすることをもっと効率よく、サクサク進められたらいいのに……などと思ったことはありませんか？

たとえば、上司から「新しい企画を考えて」「会議の内容をまとめて」「プレゼンの用意をしておいて」などと指示を受ける——。

何時間もかかって自分なりに考え、意見をひねり出し、なんとか形にまとめたものの、時間をかけて苦労したわりには、結果が伴わない——。

こんな経験はないでしょうか？

仕事に関する情報を「紙1枚」にまとめるには、内容を整理し、整理した情報をベースに考えをまとめていくための基本があります。また、その1枚を最終的に〝機能する1枚〟にするために、伝える作業も重要です。

書類作りに限らず、必要な情報を「整理し」「考えをまとめ」「伝える」ことは、仕事の中でも特に重要な部分です。これは一方で、もっとも時間がかかり、もっとも難しく、もっとも苦労する部分でもあります。

トヨタに入社して間もないころ、私がいちばん困ったのは、「浅田、さっきの打ち合わせの件、どうすればいいか考えて、1枚にまとめておいて」と上司に言われたときでした。

（え？ 考えるって何をどんなふうに考えればいいんだろう？ 1枚にまとめるって、どうやってやるんだ？ もう少し具体的に教えてほしいんだけど……）

腹の中で上司に泣きつきますが、もちろん面と向かっては言えません。仮に勇気を振り絞って言ったとしても、「自分で考えろ」のひとことで片づけられるのがオチだったでしょう。

そう……**トヨタには、すべての書類を紙1枚にまとめる習慣はあっても、それを「どうやってまとめるか」という詳細なマニュアルはありませんでした。**

「（1枚に）まとめて」という指示は受けますが、そのやり方は個々の社員に任されていたのです。

新入社員は入社後真っ先に「トヨタの問題解決」の技法と、その結果をA3用紙1枚にまとめる研修こそ受けますが、その方法自体は、必ずしも日々作成するほかの業務の書類に応用できるものではありませんでした。

私自身も、上司から「1枚にまとめておいて」と指示を受けると、過去に先輩社員たちが作った1枚を参考に、自分なりに試行錯誤し、上司に赤ペン添削をしてもらいながら書類を作り上げていきました。そして経験を重ねるうちに、自分なりの作り方を見出《みいだ》していったのです。

仕事上の情報を整理し、考えをまとめ、伝えることについて、多くの人が難しく感じ、時間がかかってしまうのは、そもそもそのやり方を教わっていないからでしょう。

指示をする側は、いとも簡単に「考えておいて」「まとめてみて」「わかりやすく教えて」などと言いますが、では、具体的にどうすればよいか、というところまでは示してくれないのです。

そこで、その方法をお伝えするために本書を書きました。

世界のトップ企業・トヨタで学んだ思考整理法

トヨタを退職したあと、私はいきなり独立したわけではありませんでした。

一度はグロービスという、MBAを取得できるビジネススクールに転職しました。将来的にはそこで講師として、「トヨタの体験から学んだことを交えながら『教える』ことを仕事にしたい」というキャリアを考えていたからです。ただ、結果的には半年あまりで退職し、独立することを決意しました。

そして、ビジネススクールで学んだフレームワーク、ビジネス系のセミナーやビジネス書で教えられているさまざまなノートテイキングの技術や思考整理法、加えてコーチングやカウンセリング、果ては哲学や歴史の知見などを総動員して、トヨタで働く人たちが日々やっている「紙1枚」にまとめる動作について研究を重ねました。

その結果、誰もが簡単にできる、整理し、考えをまとめ、伝える技術を私なりにまとめあげることができました。

現在は、この技術を1人でも多くの人に役立ててもらうべく、「1枚」アカデミアというスクールや、「イチラボ」というオンライン動画学習コミュニティを開講しています。

これまで、ワークショップや個別コンサルティング、研修、講演などを通じて、のべ10000人以上の方にこの仕事術を手渡してきましたが、今回、こうして本書でご紹介できる運びとなりました。

本書ではまず、ベースとなっているトヨタで学んだ「紙1枚」にまとめる技術が、仕事の現場でどのように役立っているのかを、私のトヨタ時代の経験をもとに紹介します。ぜひ、仕事に関する情報を1枚にまとめることのスゴさを実感してください。

そのあとで、実際に「1枚」にまとめる方法（＝整理し、考えをまとめ、伝える技術）である、「1枚」フレームワーク®を紹介していきます。

「情報を整理するって、具体的にどうやるのか？」

「考えをまとめるにはどうすればいいのか？」

「どうしたら伝わるのか？」

これらの疑問を一度でも抱いたことがある人には、必ず役立つ技術です。

しかも、1枚の紙と緑・青・赤3色のペンがあれば、誰でも簡単に情報を整理し、考えをまとめ、伝える力を高めていくことができます。ぜひ、試してみてください。

それでは、本文に入りましょう。

トヨタで学んだ「紙1枚!」にまとめる技術 目次

文庫版まえがき……3

はじめに

たった「1枚」の紙で仕事が劇的に変わる!……11
仕事のできる人がやっている「まとめる」技術……16
世界のトップ企業・トヨタで学んだ思考整理法……19

Chapter 1 なぜ、トヨタはナンバーワンなのか？

01 トヨタの社員が会議のときに必ずやっている「あること」とは？……36
「トヨタの1枚」ならではの3つの特徴……39
02 その書類は「機能」するものになっているか？……41
「単なる紙切れ」を「機能する1枚」に変える方法……43
03 どんな説明よりも「1枚」の書類がものを言う……46
テーマパークで道を聞かれたときのベストな伝え方……46

04 「1枚」で自分の頭の中を「見える化」する……49
紙に書き出すと「わかる」「わからない」が見えてくる……50
05 「トヨタの1枚」のわかりやすさの秘密……53
決定的な違いは「ひと目でわかるかどうか」……54
「読んでわかる」ではなく「見てわかる」ことがポイント……56
「3秒以内」で相手に決断をくだしてもらうには？……58
06 「1枚」を活用すれば会議の無駄がなくなる……60
人は「空白のフレーム」があると埋めたくなる……61
できあがった「1枚」がそのまま議事録になる……64
07 考え抜いて作られた「1枚」が人を育てる……67

先輩たちの「1枚」が仕事を教えてくれた……69
作る過程で自然と情報の「取捨選択」ができる……71
08 「トヨタの1枚」はどのようにして生まれたのか？……73
チャーチルの考えと「トヨタの1枚」の共通点……75
09 仕事ができる人ほど「型」をつかんでいる……77
運動が苦手だった私が柔道で黒帯持ちになれた理由……78
「トヨタの1枚」に共通して掲げられている5つのテーマ……80
「1枚」があれば仕事の「型」がつかみやすくなる……82
10 年間400時間の残業をゼロにまで減らした方法……84
オリジナルの「1枚」で時間を大幅に節約できる……86

「1枚」があれば休んでいても仕事が進む……88

11 「クルマ好き」ではなかった私がトヨタを選んだ理由……91

行き詰まったらとにかくまず「1枚」を書いてみる……93

Chapter 2

トヨタで学んだ「紙1枚！」にまとめる技術 ～基本編～

12 「トヨタの1枚」のベースにある3つのステップ……98

13 まずは「どうしよう」を「どうさ（動作）」に変えなさい……101

「動作」に落とし込めば実践するのは簡単……102

14 すべての基本となる「エクセル1」の使い方……105
「1枚」にまとめるのに必要な素材はこの3つだけ……106
「エクセル1」の使い方①：フレームを作る……108
「エクセル1」の使い方②：キーワードで埋める……113
「エクセル1」の使い方③：考えを書き出す……115
15 書き出す作業に「時間制限」を設けたほうがよいのはなぜ？……119
時間短縮のために時間をかけていては本末転倒……121
16 「パソコン」と「手書き」、どちらのほうが効率的か？……124
「動作」を変えれば「気持ち」はあとからついてくる……125
それでも「手書き」でやることをおすすめする理由……128

17 目的を見失いそうになったら「この口ぐせ」をとなえなさい……131
「誰」に読んでもらう書類なのかをはっきりさせる……132
「自分のため」に立てた企画は通らない……135
18 「エクセル1」でプレゼン資料を作る……138
書きながら新たな疑問が出てきたときは……142
19 まとめるときのキーポイントは「ひとことで言うと？」……145
1つに絞りきれなければ最大3つまでOK……146
20 より一層相手に伝わりやすくなる「とっておきの工夫」……150
チャンスを逃さない人がやっている「ある動作」とは？……151
21 「構造」を示せば聞き手は耳を傾けてくれる……154

伝え方に困ったときの「構造フレーズ」……157
22 「エクセル1」の活用法 その1 スピーチ原稿を作る……161
23 「エクセル1」で散らかった頭の中を片づけよう……170
書くべきことが浮かばない場合の対処の仕方……172
24 「エクセル1」の活用法 その2 難しい話を理解する……174
打ち合わせや会議で〝迷子〟にならないために……179
25 「エクセル1」の活用法 その3 仕事の優先順位をつける……181

Chapter 3

トヨタで学んだ「紙1枚!」にまとめる技術 ～応用編～

26 論理的に考えをまとめ、わかりやすく伝える「ロジック3」……190
「ロジック3」を使うときの基本的な手順……192
27 誰でも論理的に話せるようになる「3つの切り口」……199
「What?」「Why?」「How?」の順番は柔軟に変えていい……202
28 「手で書く」作業が論理的な思考回路を鍛える……204
29 「ロジック3」の活用法 その1 新規企画のプレゼン資料を作る……207

30 「ロジック3」の活用法 その2 社外セミナーの結果を報告する……212
31 「いかに仕事を停滞させないか」が「紙1枚」の本質……217
「エクセル1」と「ロジック3」があれば必ず仕事は進む……219
32 「5回のWhy？」よりも「5回のHow？」で考える……221
「なぜ？」よりも「どうするか？」が問題解決への最短経路……222
33 最終的なゴールは「紙0枚」で仕事ができるようになること……225
そもそもなぜ、「紙1枚」にまとめる技術が必要なのか？……227
34 「選ばれ続ける」かどうかは〝紙一重〟の差で決まる……230

おわりに……234
文庫版あとがき……241

構成　山田由佳
編集協力　株式会社ぷれす
　　　　新田由起子
　　　　平沢　拓
編集　佐藤理恵（サンマーク出版）

Chapter 1

なぜ、トヨタはナンバーワンなのか？

01 トヨタの社員が会議のときに必ずやっている「あること」とは？

社員の手元には、いつも1枚の書類――。

私がかつて勤務していたトヨタでは、これが当たり前の光景でした。

たとえば毎週1回、グループごとに開かれるスケジュール会議。グループ長と十数人の社員の手元には、グループ全員の仕事の進捗状況がまとめられた1枚のA3用紙がありました。

上司とのちょっとした打ち合わせの際も、部下は必ず1枚の書類を持参します。

何時間もかかる大型の会議であっても、議事録はA3、あるいはA4の用紙1枚。

トヨタではどんな仕事のベースにも必ず「1枚」の書類がある

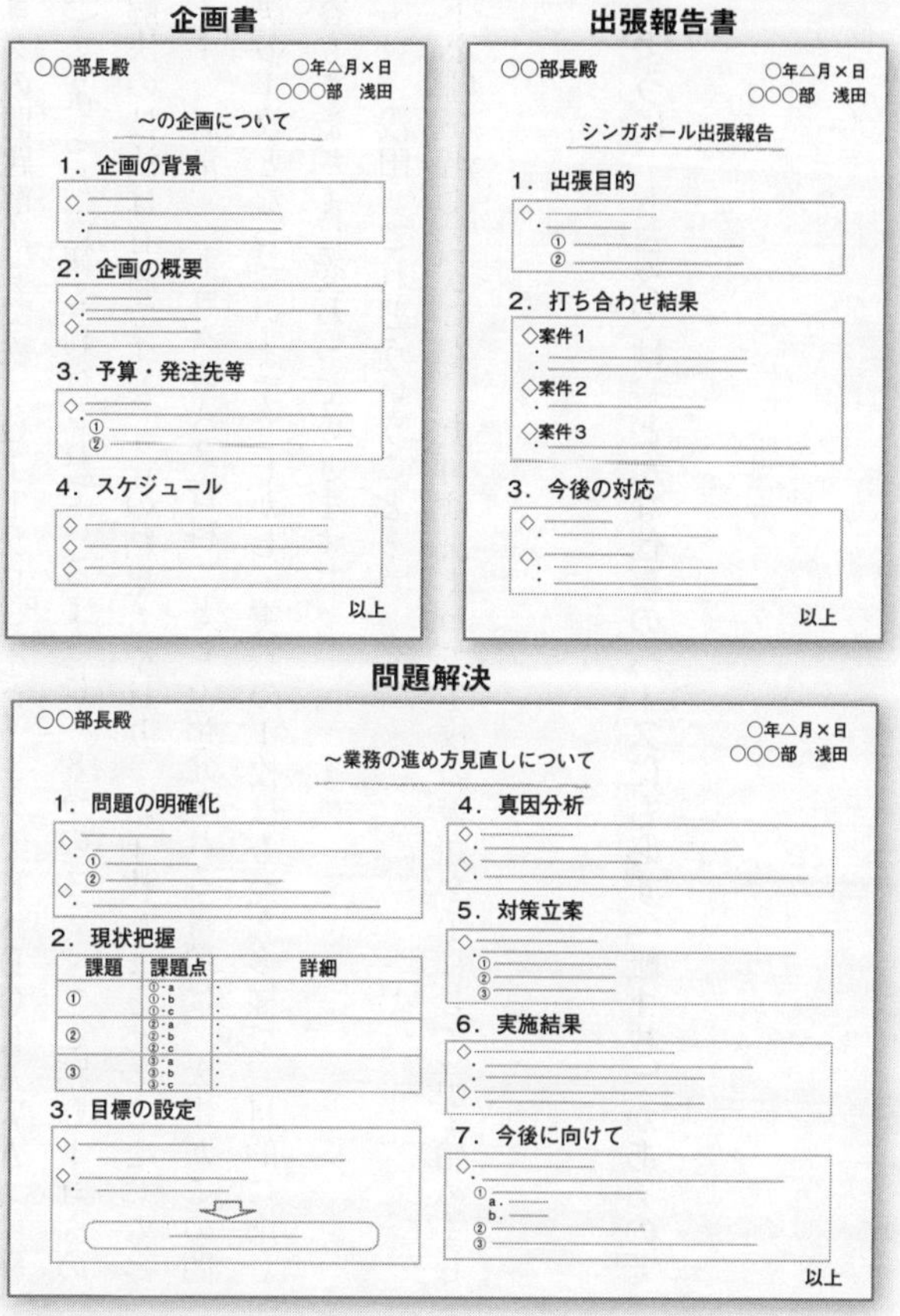

『トヨタの問題解決』（（株）ＯＪＴソリューションズ／ＫＡＤＯＫＡＷＡ〔中経出版〕）といった書籍も刊行されているように、８つのステップを踏むトヨタの問題解決の技法は有名ですが、この結果もやはり、紙１枚にまとめることになっています（通常、「トヨタのＡ３資料」として紹介される書類は、大半がこの問題解決の１枚となっています。しかし、実際の１枚はもっと多様で、目的に応じて内容もさまざまに変わっていきます）。

「おーい、浅田。これどういうこと？」

部下を呼び出すときにも、上司は決まって１枚の書類を手にして話を始めました。

このように、トヨタでは、どんな仕事のベースにも必ず「紙1枚」があるのです。

「トヨタの1枚」ならではの3つの特徴

37ページに挙げたようなこれらの書類は、一見何の変哲もない書類に感じるかもしれませんが、「トヨタの1枚」ならではの特徴があります。

それは、

① ひと目で全体が見える（一覧性）

② 枠がある（フレーム）

③ 枠ごとにタイトルがついている（テーマ）

という3点です。

前述の通り、トヨタでこの特徴について直接教わったわけではありませんが、累計3000枚以上の「1枚」に触れる中で独自に見出《みいだ》したこれら3つの特徴は、代々、先輩社員から後輩社員へと受け継がれています。

「別段、すごいというほどの特徴ではないのでは？」と思ったあなた。

たしかに取り立てて個性的な特徴ではないかもしれません。

しかし実は、この特別にすごいわけではない3つの特徴こそが、トヨタで学んだ「紙1枚」がよく機能するための重要な仕掛けでもあるのです。

02

その書類は「機能」するものになっているか？

唐突ですが、「宅配ピザ」を注文したことはありますか？

以前、こんなことがありました。

あるとき、4人の仲間で会議室を借り、勉強会を開きました。勉強会は予想以上に白熱して、気づくと時間は午後2時。みんな、お腹《なか》が空《す》いているけれど、まだ勉強会は続けたいという雰囲気でした。

部屋に宅配ピザのメニューがあったため、てっとり早くピザを注文しよう、ということになりました。

いざ注文しようと、みんなでいっせいにメニューを眺めます。メニューはA4サイズの紙1枚の表と裏にまとめられていました。

ところが、注文内容がなかなか決まらない。そもそも4人で食べるのにはどのサイズを何枚注文したらよいのか、味の組み合わせはどうするのか、生地はどれがよいのかなど、考えなくてはいけない要素があまりに多く、結局、何を注文するか決めるまでにかなりの時間を要してしまいました。

加えて、電話応対をしてくれた店員さんの手元には、私たちが持っていたのと同じメニューがなかったため、一生懸命口頭で説明してもなかなか理解してもらえませんでした。

てっとり早く食べたいからこそ宅配ピザにしたのですが……。

そもそも、人が宅配ピザを頼むのは、どんなときでしょうか。

いろいろ考えられますが、外に食べに行ったり、作ったりする時間がないから、など、要は「時間節約のため」という人は少なくないでしょう。

そんな人にとって役立つメニューとは、注文しやすいメニュー、時間をかけずに、注文内容を簡単に決められるメニューです。

私たちが見ていたメニューは、残念ながらそうはなっていませんでした。紙1枚の表裏にまとめられていたものの、ひと目では内容を把握しにくく、あまり役に立たない1枚になっていたのです。

さらには、注文を受ける側が同じメニューを見ていない、という状態もまた、この1枚が機能するうえで妨げとなっていました。

「単なる紙切れ」を「機能する1枚」に変える方法

仕事に関する情報をどんなにきれいに1枚の書類にまとめても、何らかの機能を果たさなければ、それは単なる紙切れです。

たとえば企画書なら、会社の上司や役員、社長などにゴーサインを出してもらえるような内容になっていてこそ価値があります。

営業報告書なら、現地に行っていない上司が営業内容を把握できるような内容になっていなければなりません。

会議の議事録なら、会議に出席していない人が読んでも会議の内容がわかるもの、また、出席者が後日、会議の要点を振り返られるものにする必要があります。

このように、どんな書類にも必ず果たすべき役割があります。

通らない企画書を何枚書いても意味はありません。営業内容が把握できない営業報告書も、会議の重要ポイントを押さえていない議事録も意味がないのです。

ではどうしたら、役立つ1枚、よく機能する1枚となるのでしょうか？

このときに、先に述べた「トヨタの1枚」の3つの特徴が役立ちます。

これから作る書類に、

①ひと目で全体が見える（一覧性）
②枠がある（フレーム）
③枠ごとにタイトルがついている（テーマ）

という特徴が入っているかどうか、まず確かめることを心がけてみてください。

これらのうち、あるときはすべて、あるときは一部でも取り入れることで、たとえ紙1枚の書類であっても、機能する「1枚」となるのです。

03

どんな説明よりも「1枚」の書類がものを言う

誰かに何かを伝えたいとき、そのいちばんの手段は言葉だと思っていませんか？

しかし、「言葉を尽くして説明すれば、きっと相手に伝わるだろう」と。言葉よりもたった1枚の紙のほうが、ずっと簡単に、相手に必要なことを伝えられる場合があります。

テーマパークで道を聞かれたときのベストな伝え方

たとえばあなたが今、人気のテーマパークにいるとしましょう。エントランスに入ってすぐのところで、見知らぬ人から最新のアトラクションがどこにあるかを聞かれたとします。

仮に、あなたがその場所を知っているとしたら、どうやってその人に教えるでしょうか。

次の3つの中から、いちばん正確に伝わると思う方法を選んでみてください。

①以前来たときの記憶を頼りに、口頭で説明する。

②手元の地図で確認し、それを見ながら口頭で説明する。

③持っていた地図を相手に見せ、現在地と目的地を指でさしながら説明する。

いかがでしょうか。

おそらく、③がもっとも正確に伝わるはずです。しかも、もっとも言葉を必要としません。

①や②なら、「ここをまっすぐに行くと、お土産を買えるショップがたくさん並んでいるところがあるので、そこを通り抜けて、次のレストランの角を左へ…

…」などと説明しなければならないところが、③なら、地図を指でさして見せながら「今、私たちがいるのはここです。アトラクションがあるのはここですよ」と言うだけで済みます。

言葉が通じない外国人が相手だったとしても、ジェスチャーだけで伝えることができるでしょう。

言葉をいくつも重ねるより、1枚の地図を見せたほうがずっと正確に、そして短時間で伝わるのです。

実は、「トヨタの1枚」には、この〝地図〟と同じような働きがあります。**読んでわかるのではなく、見てわかる「1枚」になっている。**内容を説明するときにも、最低限の言葉で済むような作りになっています。

それを可能にさせているのが、トヨタで学んだ「紙1枚」の3つの特徴なのです。

04

「1枚」で自分の頭の中を「見える化」する

突然ですが、本書をちょっと脇に置き、紙とペンを用意してみてください。そして、携帯電話の「アンテナマーク」を描いてみてください。もちろん、何も見ずに、です。

さて、どれくらい正確に描くことができたでしょうか。

ほとんどの人が携帯電話を持っている現代、「アンテナマーク」の絵柄は誰もが目にしたことがあるはずです。しかし、思っていた以上に描けなかった、知っているつもりだったけれど意外と描けなかった、という人も多いのではないでしょうか。

そう、実際に「手で書いて」みると、本当にわかっているかどうか、どれくらいわかっているかがよく「見える」のです。つまり、ものごとの理解度がわかる。

紙に書き出すと「わかる」「わからない」が見えてくる

実は、「トヨタの1枚」にも、同じような働きがあります。

トヨタに入社してしばらくすると、上司から「浅田、さっきの打ち合わせの件、1枚にまとめておいて」などと言われるようになりました。

といっても、当時の私は打ち合わせの内容を100パーセント理解できていたわけではありません。上司はそれを承知で、「完璧でなくていいから、できるところまでやってみろ」と言っていたのだと思います。

いざ、書類にまとめる内容を書き出してみると、思っていた以上に書けないことに自分自身驚きました。理解できていない部分を書けないのはもちろん、わかっていると思っていた部分まで、いざ書こうとするとうまく文章にならないのです。きちんと書けた部分はごくわずかでした。

実際に書くことによって、自分がわかっている部分はどこで、わからない部分はどこかが、より一層はっきりとしました。

そうしてなんとか作り上げた1枚の書類を上司に見せに行くと、上司はそれを手に取り、赤ペンで次々と赤字を入れていきました。

「この言葉とこの言葉は同じ意味だから、こっちはカットしよう」

「打ち合わせでは、この件についてのデメリットも挙がっただろう？　それも重要だからここに入れておこう」

「ここがいちばんのポイントだから、冒頭に持っていこう」

などと言いながら、上司は言葉と言葉を分類したり、補足すべき内容を赤ペンで書き込んでいったりしながら、書類の内容をどんどん整理していったのです。

目の前にいた私は、まるでマジックでも見せられているような気分でした。けれども同時に、この赤ペン添削を受けることで、頭の中がどんどん整理され、明確になっていきました。

このように、**自分が作り上げた「1枚」は、自分の頭の中そのものでした。**

中途半端にしか理解できていない箇所については、それが如実に表れます。また、1枚に収まる量に絞り込んでいく段階で、情報の重要度を正しく理解しているかどうかもわかります。正しく理解していれば重要な情報が残り、それ以外の情報は削《そ》ぎ落とされます。

つまり、上司は「1枚」の書類を見つつ、実は、その内容を通して私の頭の中を見ていたともいえます。「1枚」を見て、私がこの仕事についてどこまで理解しているか、どこがわかっていないかをチェックしていたわけです。

トヨタの有名な言葉に「見える化」というフレーズがありますが、私がトヨタで仕事を経験する中でその言葉の意味合いをもっともよく実感したのが、まさに紙1枚によって社員の頭の中を「見える化」する場面でした。

05 「トヨタの1枚」のわかりやすさの秘密

トヨタにいたころ、私は会社の公式ホームページのリニューアル業務を担当していました。

時は2010年。当時のトヨタは、リコール問題で大揺れでした。この問題の収束後、カイゼン事項の1つとして、社内外に向けたコミュニケーションのあり方が持ち上がりました。

その中で、会社の顔であるホームページも議題にのぼりました。「お客様とのコミュニケーションをもっと高めるために、ホームページをカイゼンするべきでは」という意見が社内で出たのです。

たしかに、当時のトヨタのホームページは、文字がズラリと並んでいるうえに専門用語が多く、一般のお客様からするとわかりにくいものになっていました。

けれども一方で、具体的にどこをどう直せばよいのかは見えていない状態でした。

そんな中で私は、上司から「浅田くん、ホームページのリニューアルについて、1枚にまとめてくれないか」と指示を受けたのです。

私はさっそく、競合他社と比較するなどして、自社のホームページの問題点を洗い出し、対策案を作成し、1枚の紙にまとめました。

そして、この「1枚」はその後トップマネジメントにまで報告され、最終的にはリニューアルのゴーサインへとつながっていくことになります。

決定的な違いは「ひと目でわかるかどうか」

トヨタでは通常、A3用紙を横にして使います。ふだんの業務ではA4サイズの用紙を使うことが大半でしたが、企画書やスケジュール管理などの複雑な案件に関しては、より一覧性にすぐれたA3サイズを用いました。

「トヨタの1枚」の3つの特徴の1つである「一覧性」は、わかりやすく伝えるための非常に重要なポイントです。

たとえば地図を見てどこかへ行くとき、いちばんわかりやすいのは、出発地から目的地までの道のりが1つの紙面に書かれているものです。全体が見えれば、出発地から目的地までの様子がひと目でわかり、距離感や方向感覚をつかめます。到着時間の予想も立てられるでしょう。

これが、出発地から目的地までの道のりが何枚にも分かれている地図だと、そうはいきません。「この先は○○ページへ」というように、ページをまたいで地図が続いて一覧性がなくなると、わかりやすさが半減します。

つまり、**「紙1枚に収める＝一覧性を持たせる」だけで、何枚にもわたる書類より、ずっと伝わるものになる**のです。

さらに、A3用紙は、図表やグラフを入れるのにも十分、かつ見やすいサイズです。「百聞は一見にしかず」で、どんなに言葉を重ねるよりも、見せたほうが、すばやく正確に伝わる場合があります。

たとえば「今月の売上は△△円しかありませんでした。これは問題です！」などと口頭で言うより、1年間の月別の売上をグラフにしたり、あるいは数年分の当月別の売上をグラフにしたりして見せたほうが、ひと目で危機感が伝わります。

私がホームページリニューアルの書類を作ったときにも、同じように図表を活用しました。

いくつか見つかった問題点のうち、重要なものについては、競合するほかの2社のホームページ画像と並べて見せながら指摘しました。これによって、問題点や他社との違いをひと目でわかるようにしたのです。

「読んでわかる」ではなく「見てわかる」ことがポイント

また、わかりやすさをさらに高めるうえで役立っているのが、残り2つの特徴である「フレーム」と「テーマ」です。

私が作った書類では、「分析の目的」「評価の視点」「全体の要約」「評価の詳細」「今後の方向性」というテーマの項目に分け、それぞれを枠で囲み、枠の中に重要かつ必要最低限の情報を盛り込みました。

フレームとテーマがあることで、読み手は「この部分には何が書かれているのか」がひと目でわかります。全体を見渡せば、「この書類は何と何について書かれているのか」もわかります。

また、読む前にある程度その先がどのような内容なのか見通しがつくため、読みやすさもアップします。

さらには、テーマがついていることで情報の取捨選択もしやすくなります。「この部分とこの部分は大事だから特に注目しよう」といった、メリハリのある読み方ができるのです。

このように、「一覧性」「フレーム」「テーマ」という3つの特徴が忠実に入っているからこそ、「トヨタの1枚」は、「読んでわかる」ものではなく、「見てわかる」もの、ひいては「伝わる」ものになります。

「3秒以内」で相手に決断をくだしてもらうには？

ところで、これはのちに知ったことですが、豊田社長は**「決断は3秒以内で行う」**という独自のルールを持っているそうです。決裁のタイミングのわずかな遅れが、重要な交渉などに影響を及ぼすことがあるため、できるだけ速い決断を心がけているということでしょう。

これはつまり、部下の立場からすれば、それくらい短時間で決断をくだせるような「1枚」を用意しなくてはいけない、ということです。

豊田社長に限らず、世のどんな社長も、上司も、そしてほかのすぐれたビジネスパーソンも皆、多忙です。じっくり読んで、じっくり考えて、じっくり決断をくだしている時間はありません。

そこであらかじめ、提案する側がじっくり考えておく。考え抜いておく。その結果を、読んでわかるよりも、見てわかるものにする。相手が時間をかけずに、その場で判断をくだせるような1枚にする。

そのために、トヨタで学んだ「紙1枚」にまとめる技術は役立つのです。

06

「1枚」を活用すれば会議の無駄がなくなる

それでは、トヨタで使われている「1枚」の書類が、実際どのように役立っているのか、どう機能しているのか、一例をご紹介しましょう。

まずは、会議の書類です。

私なりに気づいたトヨタの会議における書類の役割は主に2つ。「会議の無駄を減らす」ことと、「会議をスムーズに進行させる」ことです。

トヨタでは、会議が開かれるとき、進行役となる社員が必ず、会議のための書類を用意します。

会議の目的、現状、課題など、会議に必要な情報がまとめられた1枚で、参加者は全員それを手元に置きます。そのため、参加者全員が手ぶらで始まる会議はまずありません。

この書類に必ずといっていいほどあるのが、「トヨタの1枚」の特徴の1つである「フレーム」です。

会議で話したいことをあらかじめテーマごとにまとめておくのですが、このとき、視覚的に「見える」ようにフレームで囲っておくのです。これで、この書類にはいったいいくつのまとまった内容が書いてあるのか、今日は何について話したいのか、などが一目瞭然となります。

人は「空白のフレーム」があると埋めたくなる

加えて、**会議で出た結論を書き込むための「空白のフレーム」をあえて用意する**、という場合もあります。

たとえば会議の目的が対策を打ち出すためのものなら、「対策」というテーマをつけたフレームをあらかじめ書類上に用意しておくのです。枠の中はまだ何も書かれていません。

こうしておくと、会議の出席者は書類に目を通したときに、自然と空白のフレームに注目します。つまり、意識が「対策」に集中するのです。

こうしたフレームは、単なるレイアウトの見やすさ以上の働きをします。

たとえば、「夢や願い事は紙に書くと叶《かな》いやすくなる」という話を一度は耳にしたことがあるでしょう。しかし、この話を知っていても、実際に紙に書いている人というのは案外少ないものです。

一方、七夕の短冊や神社の絵馬はどうでしょう。おそらくほとんどの人が書いた経験があるのではないでしょうか。

何もないところで「願い事を書いてみて」と言われてもなかなか書けませんが、短冊や絵馬を目の前に差し出されたら、書いてみようという気になる。むしろ書

「フレーム」と「テーマ」で内容がひと目でわかる

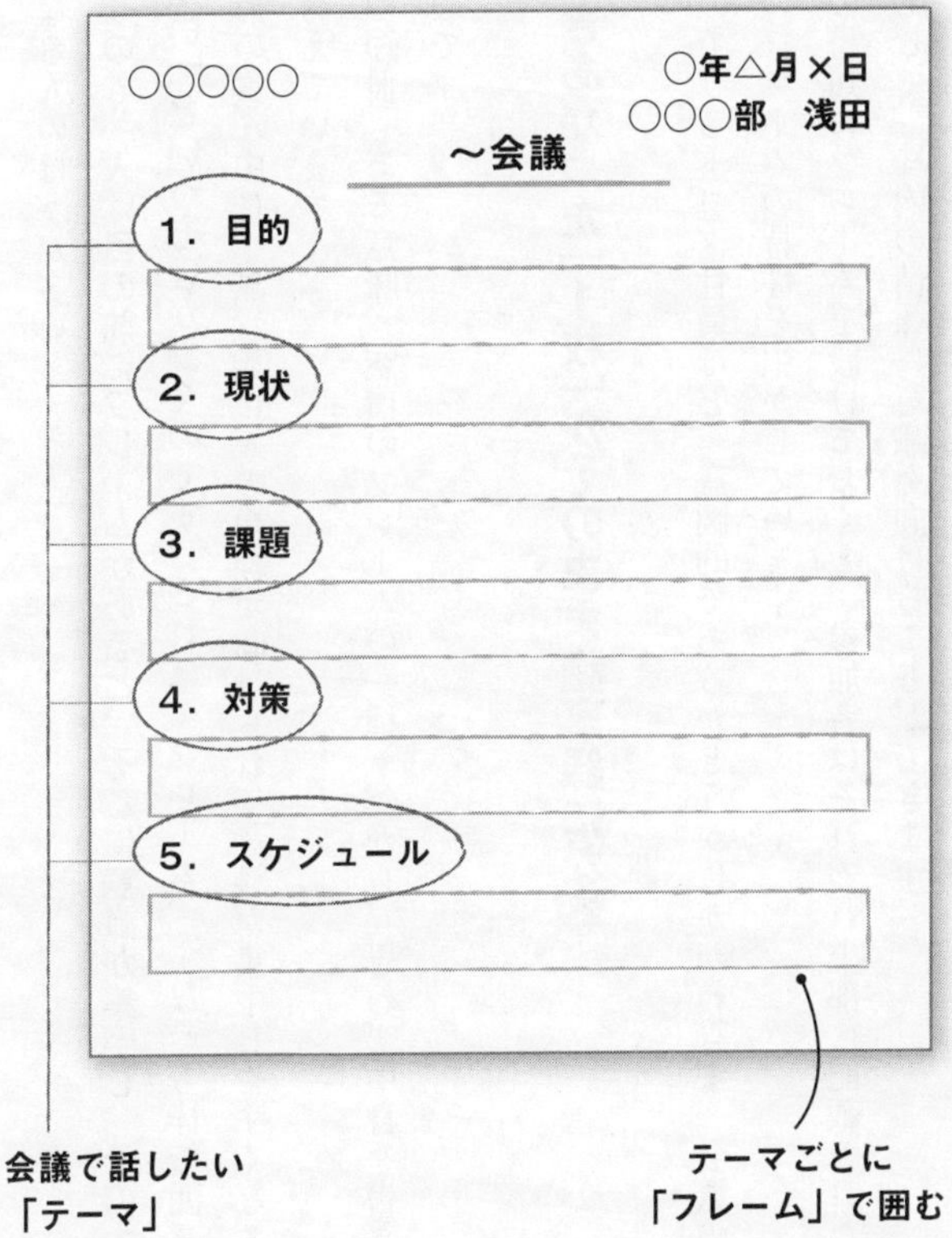

きたくなる人のほうが多い。

というのも、**人は目の前にフレームがあると、そこに意識が集中し、その中を「埋めたい」という心理が働くのです。**これは、フレーム、すなわち枠で囲まれた四角形の真ん中に、無意識に人の視線が向けられ、意識が集中しやすくなるからだと考えています。

絵馬や短冊もある意味、空白のフレームの一種。だから、思わず中身を書きたくなるのです。

できあがった「1枚」がそのまま議事録になる

仕事のできるトヨタ社員ほど、意図的であるかどうかにかかわらず、会議の書類でこのフレームの特性を生かしています。

会議の書類にフレームを設けておくと、参加者はそれぞれ上部に記載されたテーマに応じて、枠内の情報に意識を向けることができます。

さらに、場合によってはあえて、空白のフレームを用意することもあります。

すると、枠の中を埋めようという心理が働くので、議論の方向も自然と「空白を埋める内容＝目的に沿ったもの」へとまとまっていきます。

議論が脱線しづらくなり、たとえ脱線したとしても、フレームがあることですぐに修正され、再び議論が本来の目的に向かって進むのです。

このように、フレームがもたらす集中力の向上は予想以上にパワフルです。

私が会議の進行役を務めたときにも、必要に応じて、この空白のフレームがついた書類を用意していました。

さらに、会議が始まるときに、「今日の会議は、この枠の中を埋めるために皆さんのお時間をいただきました。どうぞよろしくお願いいたします」と宣言するようにしていました。こうすることで、よりスムーズに会議が進むようになります。

また、会議が終わったあとに議事録を書く必要がある場合にも、この空白のフレームを活用していました。

議論をしながら、「ここが今日の会議のポイントだな」と思う意見が出ると、その場でそれをフレームの中に書いてしまうのです。

こうすれば、できあがった1枚の書類がそのまま議事録となります。わざわざ会議のあとに別の書類にまとめ直す、という手間を省くことができます。

あらかじめフレームを書き込んだ「1枚」を用意しておけば、会議がダラダラと無駄に長引かないうえに、会議終了とともに議事録が仕上がるという、一石二鳥の効果が得られるわけです。

会議の書類に、空白のフレームを入れる――。

たったこれだけで、手元の書類が「機能する1枚」になります。

あなたもぜひ、次に自分が参加する会議に取り入れてみてはいかがでしょうか。

07

考え抜いて作られた「1枚」が人を育てる

「トヨタの1枚」は、人を育てるうえでも「機能する1枚」となります。

トヨタでは、新入社員は入社後数か月間の研修期間を経て、各部署へ配属されます。

私が入社後に配属されたのは、東京本社の海外マーケティング部（※当時）という部署でした。運のよいことに、そこは私が希望していたハイブリッド技術の魅力を世界に広めるブランディング業務があり、私はぜひその仕事に携わりたいと考えていました。

ところが、私が実際に担当することになったのは、マーケティング活動の予算を管理する仕事。要するに、経理的な仕事でした。

当時の私には、経理的な素養が一切ありませんでした。「管理会計」「税務対応」「連結決算」など、経理的な基本業務の用語さえ、聞いても何のことだかさっぱりわからない状態だったのです。

配属2日目からさっそく会議に出席させてもらうことになったものの、内容はちんぷんかんぷん。何のための会議なのか、いったい何について話しているのか、日本語にもかかわらずまったく理解できません。

仕事といえば、「この資料を10部コピーして」「このデータをグラフにして」など、上司に言われるままに動くだけ。

「わからないことがあったら何でも質問しろ」と上司は言ってくれましたが、当時の私は、そもそも何がわからないのかがわからない状態でした。そんな調子で、またたく間に数か月が過ぎていったのです。

先輩たちの「1枚」が仕事を教えてくれた

——このままではまずい。

そう思い、なんとか状況を克服しようと考えました。

そして思い当たったのが、過去に先輩社員たちが作ってきた数々の「1枚」の書類です。

部署内をよく観察すると、同じフロアで働く100人近い人たちの大半が、いつも1枚の書類を用意して仕事を進めていることに気づきました。そしてそれらの書類はすべて、パソコンの社員共有サーバに分類・保管されていました。

私はこの書類のうち、部内で特に「仕事ができる」と評価されている人たちの資料をプリントアウトさせてもらい、片っぱしから読み込んでいきました。

このときよりすばやく、より深く理解するうえで役立ったのが、先輩社員たちが作った「1枚」についていた、「フレーム」と「テーマ」です。

これらのおかげで、書類全体を理解できなくても、いったい何について書かれているのかだけはわかりました。たとえば、「この枠には〈現状の問題点〉が書かれているのだな……」というように。

一方で、時折目にする「フレーム」や「テーマ」のない書類は、何が書かれてあるかがさっぱりわからず、残念ながら役に立ちませんでした。「自分が引き継ぎの資料を作るときは、こんな作り方をして後任の人を困らせないようにしよう」と強く感じたことを、今も鮮明に覚えています。

また、1枚1枚、書類を丹念に読んでいくと、次第に「今の自分は何がわかっていないのか」が見えるようになってきました。「このキーワードの意味がわからないからこの部分が理解できなかったんだな」などと、わからない部分の目星がつくようになったのです。

わかるための道のりの第一歩は、わからない部分をいかにたくさん発見できるかにかかっています。わからない部分を1つひとつ潰していけば、やがて全体の理解へつながります。

私は書類に出てきたわからない言葉をすべてノートに書き出し、意味を調べていきました。

また、プリントアウトした書類を上司や先輩に見せながら、「この部分は、こういう理解の仕方で合っていますか？」などと質問していきました。

これを繰り返していくうちに、少しずつ仕事の内容をつかんでいったのです。

経理の知識がゼロで、右も左もわからなかった私に仕事を教えてくれた先生は、先輩が過去に作ってきた数々の「1枚」の書類でした。

作る過程で自然と情報の「取捨選択」ができる

また、これらの書類が〝仕事の先生〟となりえたのは、内容がA3またはA4

の用紙1枚にコンパクトにまとめられていたから、という部分も大きいでしょう。

複雑な案件であればあるほど、紙1枚にまとめるには、情報の取捨選択を考え抜かなければなりません。

考え抜いて作られた「1枚」は、無駄な情報が省かれ、厳選された情報だけが書かれているために、要点がつかみやすいというメリットもあるのです。

読み込むのに時間もかかりませんし、何より、新人社員にとって、忙しい上司や先輩を質問攻めにして時間を奪ってしまうことに申し訳なさを感じ、なかなか気軽に質問ができない……といった心配もいりません。

もちろん、私が参考にした数々の「1枚」は、最初から後輩の教育のために作られたものではありませんでした。

しかし、「一覧性」「フレーム」「テーマ」という3つの特徴が盛り込まれていることで、のちのちそうした「人を育てる」役割も十分に果たすことのできるものになっていたのです。

08

「トヨタの1枚」はどのようにして生まれたのか？

そもそも、トヨタですべての書類を「1枚」にまとめる、という習慣はどのようにして始まったのでしょうか。

『トヨタの伝え方』（酒井進児／幻冬舎ルネッサンス）によると、**「トヨタの1枚」文化が定着したのは、60年代半ばから70年代半ば**だといわれています。

この時期といえば、高度経済成長が終焉《しゅうえん》を迎え、貿易自由化によって外国車の輸入が認められ、資本の自由化で外国企業の日本進出が可能になりました。

為替は固定相場制から変動相場制へ移行。第一次オイルショック（原油価格の高騰による経済の混乱）も起きました。一方、自動車の排気ガスによる大気汚染などの公害が社会問題化したのもこのころでした。

日本経済と自動車業界をとりまく環境がめまぐるしく変わり、トヨタの役員会、各部門の会議では、連日のように解決すべき課題が出てきます。

しかし、そもそも会議のテーマについての知識が社員になければ、議論はスタートしません。

たとえば「貿易自由化」というキーワードが1つ出てきたところで、それがどういうもので、自社にどのような影響を与えるのかわかっていなければ、議論のしようがありません。

社員1人ひとりが各自でその知識を身につけていくには、あまりに課題が多すぎました。

そこで、みんなで手分けして知識を吸収する——たとえば「貿易自由化」について1人が詳しく調べ、要点をまとめて会議や勉強会などで発表する、ほかの社員はそれを聞いて学んでいく、ということになりました。

このとき、要点がまとめられていたのがA3用紙だったそうです。A4用紙ではスペースが足りないけれど、A3用紙なら必要にして十分の大きさ。しかも、図表やグラフを入れるのにもちょうどいい。そうした理由から、A3用紙が使われ始めたのだといいます。

チャーチルの考えと「トヨタの1枚」の共通点

ところで、第二次世界大戦時、イギリスの首相を務めたウィンストン・チャーチルが、政府各部局に次のようなメモを送ったそうです。

「われわれの職務を遂行するには大量の書類を読まねばならぬ。その書類のほとんどすべてが長すぎる。時間が無駄だし、要点をみつけるのに時間がかかる。同僚諸兄とその部下の方々に、報告書をもっと短くするようにご配慮願いたい」

(『理科系の作文技術』[木下是雄/中央公論新社] より)

このあとに続けて、チャーチルは「要点を短く書きなさい」「もってまわった言い回しはやめよう」などと、具体的な書き方を指導しています。

ここからは私の想像ですが、当時のトヨタの社員（特に上層部）の心境は、チャーチルの考えに通じるものだったのではないでしょうか。

「解決する課題がとにかく山積みになっている」「すべてを1から学んでいたのではとても時間が足りない」「余計な情報はいらないから、とにかく要点だけをわかりやすく伝えてほしい」

そうした要請が、上層部からあったのではないかと想像するのです。

話を元に戻すと、このようにして「A3用紙」が使われるうちに、会議でそれを目にしたほかの社員も真似《まね》するようになり、それがトヨタ全体に広まっていったようです。そして、いざ「紙1枚」にまとめることを実践してみると、これまで述べてきたような、数々の思いもよらない効果が生まれました。

09

仕事ができる人ほど「型」をつかんでいる

仕事の現場にはあらゆる「型」があります。その代表例が、会社独自の仕事の流れや、やり方といったもの。トヨタでいえば、「どんな仕事でも常に1枚の書類を用意する」ことが、1つの型でした。

また、上司や部下の仕事のやり方にも一定の型があります。取引先との交渉方法、顧客のクレームのつけ方などにも型はあるでしょう。

仕事ができる人というのは、このような仕事に関する型を、人より多く把握しています。型をつかんでいるから、仕事の先の見通しが立てやすくなります。次に何をすればよいかがわかっているから、仕事もどんどん進む。

また、型をつかんでいると、力の入れどころがわかるので、無駄なエネルギーを使うことなく、効率よく仕事の質を高められるのです。

運動が苦手だった私が柔道で黒帯持ちになれた理由

私が型の威力を初めて実感したのは、小学生のときにさかのぼります。

私は運動が大の苦手でした。体力も人並み以下。小学校の体力テストでは、クラスで最下位をとったほどです。肥満児だった当時の私は、お相撲さんのような体形でした。

野球部やサッカー部に入ってもさっぱり結果が出なかったため、小学校では実際に相撲をやっていました。体力はなかったものの、火事場の馬鹿力が功を奏し、生まれ故郷である愛知県名古屋市の大会で優勝したこともあります（その代わりに肩を骨折しましたが……）。

その後、高校時代には柔道をやりました。一応、黒帯持ちの有段者です。

なぜ、体力が人並み以下で、運動も苦手だった人間が、相撲大会でナンバーワンになり、柔道で黒帯をとることができたのか？

それは「型」があったからです。

相撲にも柔道にも、基本として身につけるべき型があります。私は、それを繰り返し練習しました。しごきを受けたわけでも、無理強いされたわけでもありません。体力がないなりに、ひたすら毎日、コツコツと型の練習を続けたのです。

この経験を通して、私は、特段すぐれた力を持っているわけではない人間が十分にパフォーマンスを発揮するうえで、型がいかに大事かということを強く実感しました。

そしてそれは、仕事の現場においても同じです。

仕事の現場における「型」——それが、今お伝えしている「1枚」です。

「トヨタの1枚」に共通して掲げられている5つのテーマ

トヨタでは、どんな仕事でもベースに「1枚」の書類があり、その「1枚」をもとに仕事が進んでいました。

1つの案件に対して、担当者は最初に「1枚」を作ります。そこには、その案件の目的や課題、対策、スケジュールなどが書き込まれています。そして、上司と打ち合わせを行う際にはその書類を持っていき、段取りや内容を詰めていくのです。

トヨタの管理職には、係長、課長、室長、部長の4人がいて、大きな案件については、段階的にこの4人との打ち合わせが必要でした。

そしてその打ち合わせごとに、「1枚」が用意されるのです。

「この対策部分は、もっとこうしたほうがいいのでは？」「スケジュールが厳しいのでは？」などと、打ち合わせのたびに「1枚」の内容に修正がかけられ、仕事が前進していきました。

このような打ち合わせに何度も同席し、先輩社員や上司たちが作った何枚もの「1枚」を見ていくうちに、そこに共通のテーマが掲げられていることに、私は気づきました。

それは、次の5つです。

①目的
②現状
③課題
④対策
⑤スケジュール

「そうか、少なくとも今自分がいる部署では、どの仕事もこの5つのテーマをクリアにしていけばいいのだ」と気づいたのです。

「会議の議事録も企画書も報告

書も、少なくともこの5つの観点から考えてまとめていけば問題はない。そして、5つがクリアになったら、あとは行動を起こしていくだけ。そうすれば仕事は進んでいく」と。

自分が当時任されていた仕事の「型」がつかめた瞬間でした。

「1枚」があれば仕事の「型」がつかみやすくなる

また、私が作った「1枚」を先輩社員や上司に添削してもらうことがよくありましたが、添削の際、注目する箇所が人によって異なることにも気づきました。

この上司は仕事を進めるときにここにこだわる人、この先輩はここを気にする人、というように、人それぞれの仕事の型が見えてきたのです。これも、まずは自分の型が明確になって初めて理解できることでした。

このように、常に仕事のベースに「1枚」を据えることによって、仕事に関す

るあらゆる型をつかみやすくなります。

おそらく多くの人は、1つひとつの仕事の型を、長年の経験の中からつかんでいくのでしょう。

しかし「1枚」があれば、その期間を短縮できます。

仕事ができる人を目指すなら、仕事に関するあらゆる情報を「1枚」にまとめてみてください。これまで手探りで取り組んできていたあなたにも、「型」が見えてくるはずです。

10

年間400時間の残業をゼロにまで減らした方法

「ああ、なんとかしてもう少し効率よく仕事を進めたい……」

そんなふうに思ったことはありませんか？

トヨタに入社してからの数年間、私には何度もそう思った時期がありました。

当時の私の平均退社時間は21時以降、残業は年間400時間を超えていました。

平日のプライベート時間といえば、ほとんど食べて寝るだけ。「残業がなければ、平日の夜の時間をもっと有意義に使えるのに……」といつも考えていました。

ところが入社6年目になって、残業時間はほぼゼロになりました。

平日の夜も、連日、コンサートや舞台、講演会などに行けるようになったのです。ちなみにトヨタの東京本社は、東京ドームのすぐ近くにあるので、野球の試合やコンサートを見に行くにはうってつけの立地です。

これも「1枚」のおかげでした。

実は入社5年目に体調を崩したことがきっかけで、2か月間の休職を余儀なくされたことがありました。復職後も、無理な残業は禁物というドクターストップがかかりました。

残業はできませんが、上司や同僚にこれ以上大きな迷惑もかけられません。

そこで、限られた時間でもしっかり仕事ができるよう、どうすれば働く時間を短縮できるかを追求しました。これが、その後の残業時間の大幅な削減へとつながっていったのです。

オリジナルの「1枚」で時間を大幅に節約できる

このときやったことの1つが、〝MY《マイ》1枚〟の作成です。

先に、部署の仕事は基本的にどんなものでも、目的、現状、課題、対策、スケジュールの5つをクリアにしていけばいいのだと気づいた、と書きました。

これをフォーマット化し、オリジナルの「1枚」を作ったのです。

見ていただくとわかると思いますが、このフォーマットにも「トヨタの1枚」の3つの特徴（一覧性、フレーム、テーマ）を取り入れています。

まず、どんな仕事でも、考え、明確にするべきポイントがはっきりしているので、考える時間が大幅に短くなります。

「1枚」にまとめるときには、考えた結果をあらかじめ用意したフォーマットの各枠に埋め込んでいけばよいだけなので、書類作成の時間も大幅に短縮しました。

オリジナルの「1枚」で時間を大幅に節約

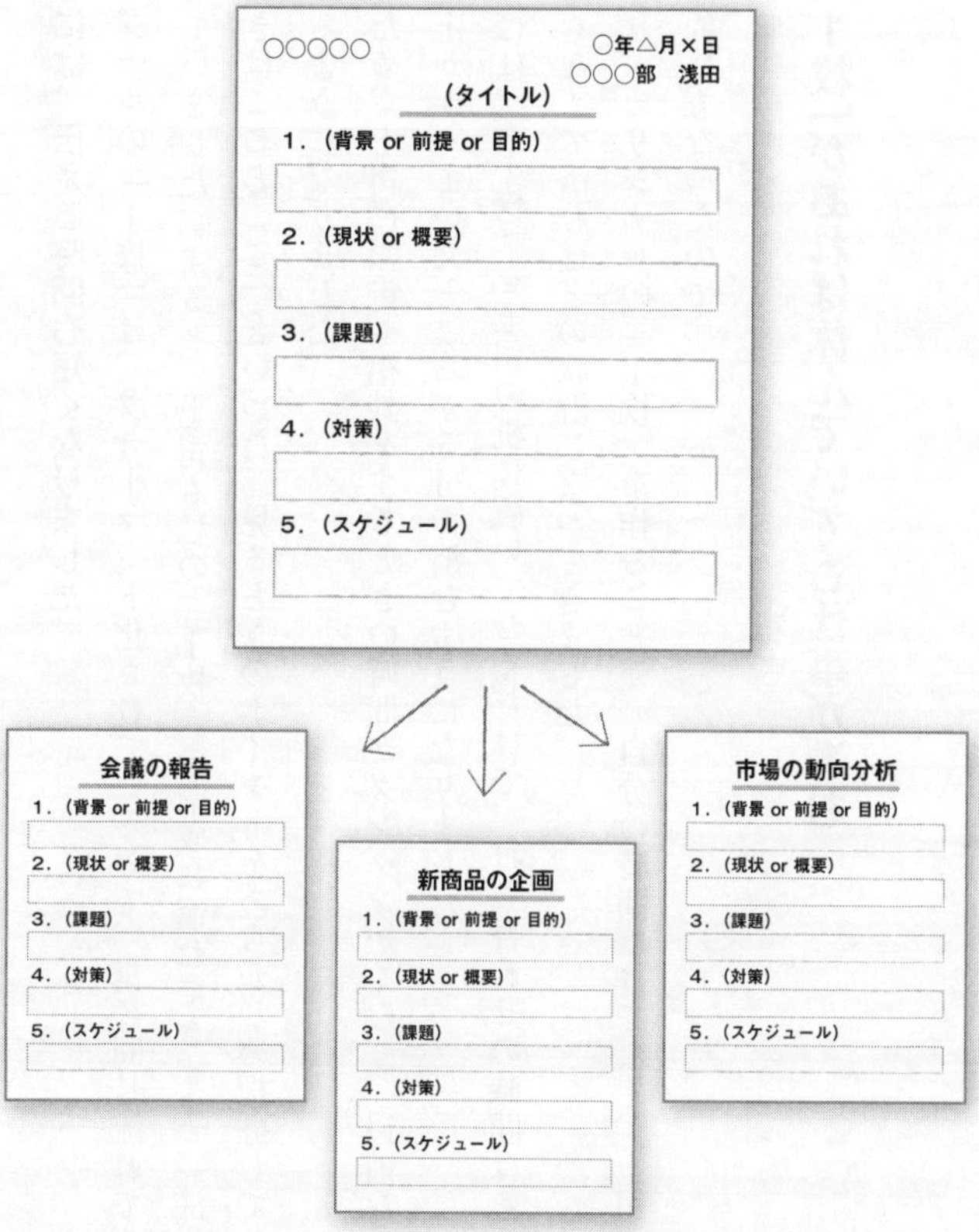

1つのフォーマットをさまざまな場面で活用できる

さらには、伝える時間も短くなりました。

オリジナルの「1枚」は、フォーマット化されているので、常に同じ流れで説明をしていました。すると、上司も私の「1枚」の構成に慣れてきます。「注目するべきはここところ」といった、見るときのポイントをあらかじめ把握してくれているようになりました。

そのため、上司に報告や相談をするときの時間がグングン短くなり、以前なら15分以上かかっていたところが5分で済むようになりました。

さらには、「1枚」を上司の机に置いておくだけで、打ち合わせの時間はそもそもとらなくて済むほどの状況になってきました。

つまり、オリジナルの「1枚」を作ることが、自分の時間だけでなく、上司の時間節約にもなったのです。

「1枚」があれば休んでいても仕事が進む

そしてオリジナルの「1枚」の極めつきともいえる効果がもう1つ。

それは、**「会社を休んでも仕事が進む」**ことでした。


ある日、風邪で熱を出し、会社を休んだことがありました。

その日は、他部署との大事な打ち合わせの予定が入っていたので、欠勤の連絡を入れる際、その打ち合わせも明日以降に変更してほしい、と伝えておきました。

ところが翌日出社してみると、上司が「浅田、例の打ち合わせ、やっておいたよ」と言うのです。

打ち合わせの予定が入っていた日の前日、私は上司との事前打ち合わせのために「1枚」を渡しておきました。いつもと同じ型の「1枚」です。

翌日、事前打ち合わせ自体は結局できなかったわけですが、その書類を見た上司は、「打ち合わせはこの流れで、いつもの浅田のパターンで進めればいいのだな。だったら浅田なしでもやってしまおう」と考えてくれたというのです。

私が上司に渡した「1枚」は、〈スケジュール〉の枠に3つの進め方案が記載されていました。それを見れば、一応打ち合わせの目的が「3つの進め方案のうちどれを採用するかを決める」ことだというのはわかるようになっていました。

そのため、休んでいる私に代わって、上司が打ち合わせを滞りなく進めておいてくれたのです。

翌日、上司は打ち合わせに使用した私の1枚を見せながら、「第2案に決まったよ」とひとこと。

上司の心遣いに、申し訳なさと深い感謝の思いを抱きつつ、「1枚」の効果をあらためて嚙《か》み締めました。

〝MY1枚〟のおかげで、会社を休んでいても仕事が進んだのです。

このように、「1枚」は仕事の時間節約にも劇的な効果を発揮します。

しかも、自分の時間だけでなく、仕事相手の時間も節約する。「紙1枚」にまとめる習慣が、自分も周りもハッピーにしてくれるといえます。

11

「クルマ好き」ではなかった私がトヨタを選んだ理由

正直に告白すると、私はいわゆる「クルマ好き」な人間ではありません。

もちろん、決して興味がないというわけではなく、学生時代は深夜のＦ１中継を楽しみにしていましたし、幼少期のもっとも好きなテレビアニメが何かと問われたら、「『サイバーフォーミュラ』！　アスラーダ（ストーリーの中に登場するレースカーの名前）が走る姿を現実に見てみたい！」と即答するくらい、クルマに魅せられていた時期もあります。

ただ、ではクルマの歴史やメカニカルな話について熱く語れるかというと、そんなことはなく、せいぜい人並み程度の知識といったところです。

実際、トヨタに入って間もないころ、自分のメールアドレスをエンジンの型番にしている人たちに何人も出会い、「この人たちに比べたら、自分はとてもクルマ好きだなんて公言はできない」と感じたことを覚えています。

では、そんな人間がなぜトヨタへの入社を希望したかというと、大きな理由の1つが、「トヨタが日本一の純利益を上げる会社だったから」というものです。

当時はちょうど利益が1兆円を超えたころだったと記憶していますが、ともかく日本の企業の中でも、常にトップ集団で走り続けている会社だったのです。

「なぜ、トヨタはナンバーワンなのか？」

その秘密を知りたい、という強い思いが、入社当初から私の中にはありました。

実際に入社してみて、いろいろな人にこの質問をぶつけてみたところ、「カイゼン」「見える化」といった教科書的な答えから、「商品力」「調達」など、人によって違う答えが返ってきます。「各国で優良な名簿を押さえられているから」

などという意見が出てきたこともあります。

要するに、答えは人によってバラバラ。それなら、自分なりの「これが強さの秘密だ！」という見解を見つけてやろう、と考えるようになりました。

そこで着目したのが、トヨタで働く人たちが皆、事実としてやっている「動作」でした。つまり、あらゆる仕事を「紙1枚」にまとめている、という動作です。

実際にこの動作は、7万人にのぼるトヨタ社員のほとんどが、日ごろから当たり前のように行っています。

行き詰まったらとにかくまず「1枚」を書いてみる

たとえば、トヨタには「正反対のものを統合する」力があります。その代表例が、世界初の量産ハイブリッド専用車「プリウス」の開発、販売です。

プリウスの誕生は、経済発展と環境保護は両立しないという、それまでの常識をくつがえしました。相容《あいい》れないと考えられていた正反対のものを、見事に統合させたのです。

プリウスの開発から販売開始に至るまでには、社内のあらゆる部署でおそらく何千回、もしくは何万回という議論が行われたことでしょう。

彼らはその議論をどうやって行い、どうやって前進させたのか？

紛れもない事実は、そうした議論の場に常に「1枚」の書類が存在していたということです。

きっと、当時の会議前にはこんなセリフが職場で飛び交っていたでしょう。

「ちょっとたたき台を用意してくれるかな？」

これはトヨタにいたころ、何度となく私が耳にしたセリフです。

特に新しいプロジェクトのスタート時、あるいは新たな問題が発生し、それに対処しなければならないときなどに、上司が口ぐせのように言うのです。

なぜたたき台を求めるのかといえば、それによってひとまず議論がスタートするからです。

たとえば社内で、「人手が足りない」という問題が発生しているとしましょう。

こんなとき、「人手が足りなくて困っている」「人手が足りないせいで残業時間が増えてしまっている」など、単に現状を言い合っていても事態は一向にカイゼンしません。議論も発展しない。

そこで、たたき台を用意する。現状の問題を認識させ、対策案を促すわけです。

仮に「短期のアルバイトを雇う」などの具体的な対策案が出れば、それに対して賛成意見なり反対意見なりが生まれます。事態のカイゼンや発展に向かって、議論が始まります。

トヨタの場合、たたき台として用意されるのは、もちろん1枚に収まった書類です。

1枚という制約がある以上、あれもこれも放り込むわけにはいきません。考え抜かなければならない。すると、自然とたたき台が完成する段階では、論点がクリアなものになります。

論点がクリアなものほど、賛成も反対もしやすい――。

「1枚」のたたき台が、

議論をシンプルで、深いものにするのです。

トヨタの統合する力は、こうした「1枚」のたたき台が可能にした、効率的な議論の積み重ねの果てに生まれたものだと私は考えています。

あなたも、仕事で行き詰まったら、とにかくまず「たたき台」を作ってみてはいかがでしょうか。1枚の紙の上で、現状の問題を認識し、対策案を考えてみる。

これだけで、思うようにいかなかった仕事も、必ず前進するはずです。

Chapter 2

トヨタで学んだ「紙1枚!」にまとめる技術 ～基本編～

12

「トヨタの1枚」のベースにある3つのステップ

第1章では、「トヨタの1枚」が仕事の現場でどのように機能するのか、実例を挙げながらご紹介してきました。

先にも触れましたが、トヨタには「すべての書類を1枚にまとめる」という習慣はあっても、そのための詳細なマニュアルはありません。よって、「1枚」を作るときにも、先輩社員が作ったものを参考にしたり、上司に添削をしてもらったりするしかなかったのです。

「こんなにもメリットがあるのに、その方法論が誰にでも再現できる形で確立されていないのはもったいない……」

そう思った私は、トヨタを退職した後も研究を続け、トヨタの社員が日々当たり前のように行っている「1枚」の書類作りから本質部分を抽出し、「1枚」フレームワーク®というビジネススキルとして体系化しました。

ここで、あなたが実際に仕事の現場で1枚の書類を作り、活用する場面を想像してみてください。上司への報告書、企画書、プレゼン資料、議事録……何でもかまいません。いったい、どのようなプロセスをたどるでしょうか。

実は、「紙1枚にまとめる」作業を大きく分けると、ほとんどの場合、次のような3つのステップからできていきます。

①考えるベースとなる情報を書類に「整理する」
←
②自分なりの「考え」を書類に「まとめる」
←
③書類の内容を誰かに「伝える」

この3つのステップがしっかりと踏めていれば、最後に「資料化」するのはそれほど難しくありません。「紙1枚にまとめる」うえで大切なのは、資料そのものの作成法よりも、前段階の思考整理法なのです。

ただ、その説明が「整理する」「考えをまとめる」「伝える」という動詞で終わってしまうと、どれも抽象的で、聞いただけでは具体的にどうすればいいかよくわからない人も多いでしょう。

けれども案外、ビジネスの現場では「整理しておいて」「考えをまとめて」「わかりやすく伝えて」といった言葉が頻繁に飛び交っています。

そして、トヨタで働き出したころの私のように、「整理するってどうやるんだろう?」「考えをまとめるってどういうこと?」「伝えるってどうすればいいの?」と頭を悩ませる人が出てくるのです。

そこで第2章では、トヨタで働く人たちが「1枚」の作成を通じてやっている思考整理法に焦点を合わせ、それをいかにほかの仕事の場面で活用していけばよいか、具体的な方法をお伝えしていきます。

13 まずは「どうしよう」を「どうさ（動作）」に変えなさい

「具体的にどうすればよいかわからない……」という悩みをカイゼンするためのキーワードが「動作化」です。

たとえば、「もっとよく考える」「優先順位をつけて働く」「目的を意識する」といったビジネス書でよく見かける表現は、どれも表現として目には見えません。

だから新人社員は「どうしよう」と途方に暮れてしまう。

そこで、表現に含まれる「動詞」を、目に見える「動作」に変換することで、誰でも再現できるようにするのです。

たとえば「挨拶する」は動詞です。

これを動作に変えると、笑顔で「おはようございます」とはっきりした声で言う、頭は軽く下げる、などとなります。

きちんと挨拶するということが、具体的にどういうことかわからない人には、このように動作を示してあげるとよいのです。

「動作」に落とし込めば実践するのは簡単

私の体験談を1つお話ししましょう。

あなたは、「仕事をするうえでは、目的を意識することが大切だ」といったアドバイスを、これまでに一度は見聞きしたことがあるのではないでしょうか。

代表的な例として、名著『7つの習慣』（スティーブン・R・コヴィー／キングベアー出版）の中にも、第2の習慣として「目的を持って始める」という項目が出てきます。

ここで質問です。もし、あなたが「『目的を意識する』には具体的にどうすればよいですか？」と聞かれたら、どう答えるでしょうか？

私がトヨタで実践していた方法はこうでした。

「目的を書き出した紙を、繰り返し見る」

トヨタに限らず、多くの企業では、新年度になると「方針」が発表されます。もちろん、トヨタの場合はそれが「紙1枚」にまとめられて発表されるわけですが、差がつくのは配布されたあとです。

私はふだん、会社の「方針」が記載された1枚を、クリアファイルに入れて持ち歩いていました。そして、会議の合間や出張の移動中などのすきま時間を利用して、チラチラと何度も見返していました。

こうした小さな動作を4月、5月、6月……と続けていった結果、どうなったか。当然、夏を迎えるころには、頭の中にしっかりと「方針＝働く目的」を意識できるようになっていたのです。

記憶力にすぐれているわけでもない自分が、仕事をする根本の目的を見失わないために考え抜いた末、取り入れた方法でした。

たいていの人の場合、「目的を大事にする！」と100万回となえたところで、実際に目的を意識した働き方はできません。

「動詞」でごまかさず、「動作」に落とし込む。そうやって初めて実践が可能になります。実践できるからこそ、日々の働き方が変わり、望む未来を手に入れることも可能となるのです。

なぜ、数多くのビジネス書や自己啓発書を読んでも、自分自身の働き方がなかなかカイゼンしないのか――そのシンプルな理由は、書かれていることの大半が動作にはなっていないからです。

これに対して、本書で私からあなたにご紹介する方法は、すべて動作に変換してあります。

これから、「紙1枚」にまとめる技術のポイントである「整理する」「考えをまとめる」「伝える」という動詞表現を、すべて動作に置き換えながら説明していきます。

14 すべての基本となる「エクセル1」の使い方

これまで繰り返し述べてきた通り、「トヨタの1枚」がすぐれた効果を発揮するのは、それが、「徹底的に考え抜いて作られた1枚」だからです。

打ち合わせのための「1枚」を作るなら、そもそも打ち合わせの目的は何か、打ち合わせで伝えたい要点は何か、相手はどこまで知っているか、相手に確認するべきことは何かなど、1つひとつの要素を考え抜かなければなりません。

ただし、考え抜くとひとことで言っても、実際にやるのは難しい。

そこで、まず1つだけ心がけておくべき大切な予備動作があります。それは、**考えるベースとなる情報を「整理する」こと**です。

考える材料がなければ、あるいは、あっても材料がごちゃごちゃで使い勝手が悪ければ、考え抜くことはできません。

料理を作る際の冷蔵庫をイメージしてもらうとわかりやすいでしょうか。

たとえばカレーを作りたいと思って冷蔵庫を開いたとき、どこに材料のニンジンがあるか、どこにお肉が入っているか、わからないほどごちゃごちゃした状態だったとしたら、そもそも作るプロセスに入る前につまずいてしまいます。

「1枚」にまとめるのに必要な素材はこの3つだけ

では、情報を整理するために、いったいどうすればよいのか？

私が提案する「紙1枚」にまとめる技術では、次の3つの素材を用意します。

- テーマ
- 3色（緑、青、赤）のペン

・1枚の紙

まず、「テーマ」について説明しましょう。

「トヨタの1枚」のフレームには、必ずテーマがついていると先にお伝えしました。テーマ、すなわち「何について」ということを最初に決めておけば、人はその枠組みの中で必要な情報を取捨選択できるようになります。

インターネットで調べ物をするときに、グーグルやヤフーなどの検索窓に入れるキーワードのようなものだと考えるといいでしょう。

たとえばランチに何を食べようか迷ったときに、インターネットで「○○駅、ランチ、おすすめ」といった単語で検索するでしょう。欲しい情報のテーマが決まることで、次に「魚の定食にしようか、いや、とんかつのほうがいいかも」などと、頭が働き出すわけです。

つまり、**必要な情報をまとめるには、まず、「テーマを決める」ことが先決です。**そして、そのテーマに関連する内容を探っていく。これが情報を「整理する」ための第一歩です。

といっても、出てきた検索結果を何らかの形で整理できなければ、その後の「考えをまとめる」プロセスに入ることができません。頭の中だけでこのことをやろうとすると、ごちゃごちゃしてとりとめもなく、いつまでたってもすっきりと整理できた状態にはならないのです。

そこで、この頭の中のごちゃごちゃを「1枚」の紙に書いていきます。

「エクセル1」の使い方①：フレームを作る

ここで使うのが、私が「エクセル1」と名づけた小さなフレームの集合体です。

ここに、テーマに応じて頭の中から検索されたキーワードを書き出していきます。

考えるときに私がこの小さなフレームの集合体を採用したのは、「トヨタの1枚」の特徴の1つである「フレーム」がもとになっているからです。

「トヨタの1枚」を作る際にもやはり、多くの社員はまず「フレーム」を作ると

情報を整理し、考えをまとめ、伝えるための「エクセル1」

日付： テーマ：			

※この「1枚」の「記入フォーマット」をダウンロードできます。「サポート特典ページ」に掲載しています（使い方動画もあります）ので、詳しくは巻末の「文庫版あとがき」をご覧ください。

ころから始めます。枠を設けることでそこに意識が集中し、中を埋めようとして頭が働き出すのです。

ちなみに、私を含めトヨタで働く多くの人が、ワードでもパワーポイントでもなく、「エクセル」を使って書類を作っていました。

日々パソコン上に表示されたエクセルの画面、

すなわち小さなセル＝フレームの集合体とにらめっこしながら、ああでもないこうでもないと、情報整理や思考を行っていたのです。

これをもっと手軽に、誰でも気軽に取り組めるように「手書き」でやってしまおうというのが「エクセル1」です。

「エクセル1」の名前は、こうした原体験からきています。

では、この「エクセル1」の使い方を説明しましょう。

まず、ノートにフレームを書いていきます。通常は、A5またはB5サイズのノートをページが横長になる向きにして書いていきます。ノートがなければ、A4サイズのコピー用紙を半分に切るなどして用意してもらってもかまいません。

ちなみに私はふだん、〝「1枚」ワークス公式ノート〟という独自開発した思考整理ノート（B5サイズ）を使っていて、開講しているスクール：「1枚」アカデミアの受講者さんにも愛用してもらっています。

書くものができたら、そこに4個、8個、16個、32個、64個……という具合に、フレームを書いていきます。

フレームの数はテーマに応じてどれをチョイスしてもらってもかまいません。今回は見やすさ優先で8個の例を用いてご説明します。

書き方は簡単。最初に、**緑色のペン**で上下の真ん中に横線を引き、次に左右の真ん中に縦線を引きます。

さらに縦線を2本追加すれば、8個のフレームの完成です。

繰り返しになりますが、このフレームの数は「必ず8個にしなければいけない」というわけではありません。内容のボリュームによっては、16個でも32個でもかまいません。

ただし、1つのフレームがあまり大きくなりすぎないように注意してください。

これは、大きくなりすぎると「とりあえず埋めたくなる」という心理的効果が薄れてしまううえに、なんだかたくさん書き込まなければいけないような気がして、書くことへのプレッシャーが生まれてしまうからです。

「エクセル１」の作り方

①

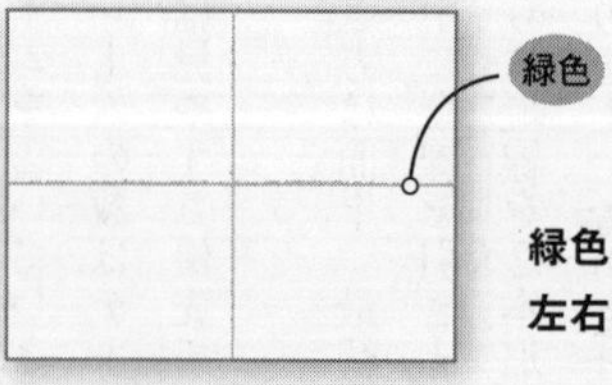

緑色のペンで上下、
左右の真ん中にそれぞれ線を引く

②

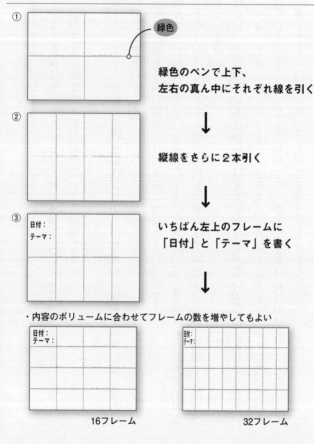

縦線をさらに２本引く

③

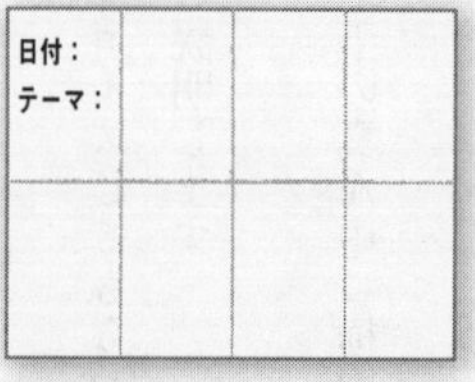

いちばん左上のフレームに
「日付」と「テーマ」を書く

・内容のボリュームに合わせてフレームの数を増やしてもよい

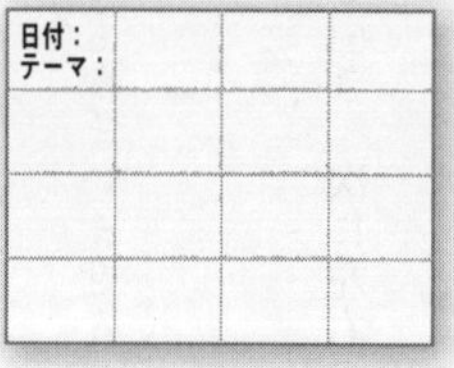

16フレーム

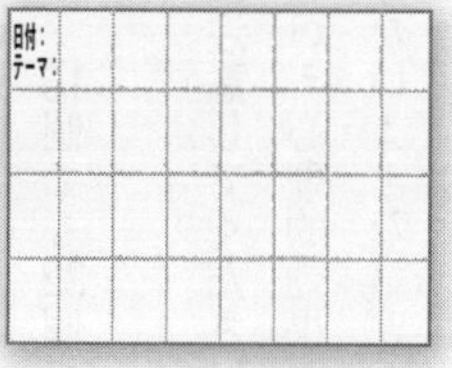

32フレーム

「エクセル1」の使い方②：キーワードで埋める

フレームを書いたら、いちばん左上のフレームの中に「日付」と「テーマ」を書きます。

たとえば、「今日のランチ」について考えてみることにしましょう。

「ランチ程度で紙にわざわざ書き出すの？」と思うかもしれませんが、ここでは簡単な例で「エクセル1」の使い方を覚えていきます。

まず、左上のフレームの中に、「今日のランチ、何食べる？」と書きます。なお、ここも**緑色のペン**で記入してください。

フレームとテーマは、情報を整理したり、考えをまとめたりするための枠組みになります。「枠組みは緑色で書く」という動作をルール化しておくことで、まずは大枠を押さえておくという思考回路を、あなたの頭の中に作っていくことが

「エクセル１」を使って情報を整理する

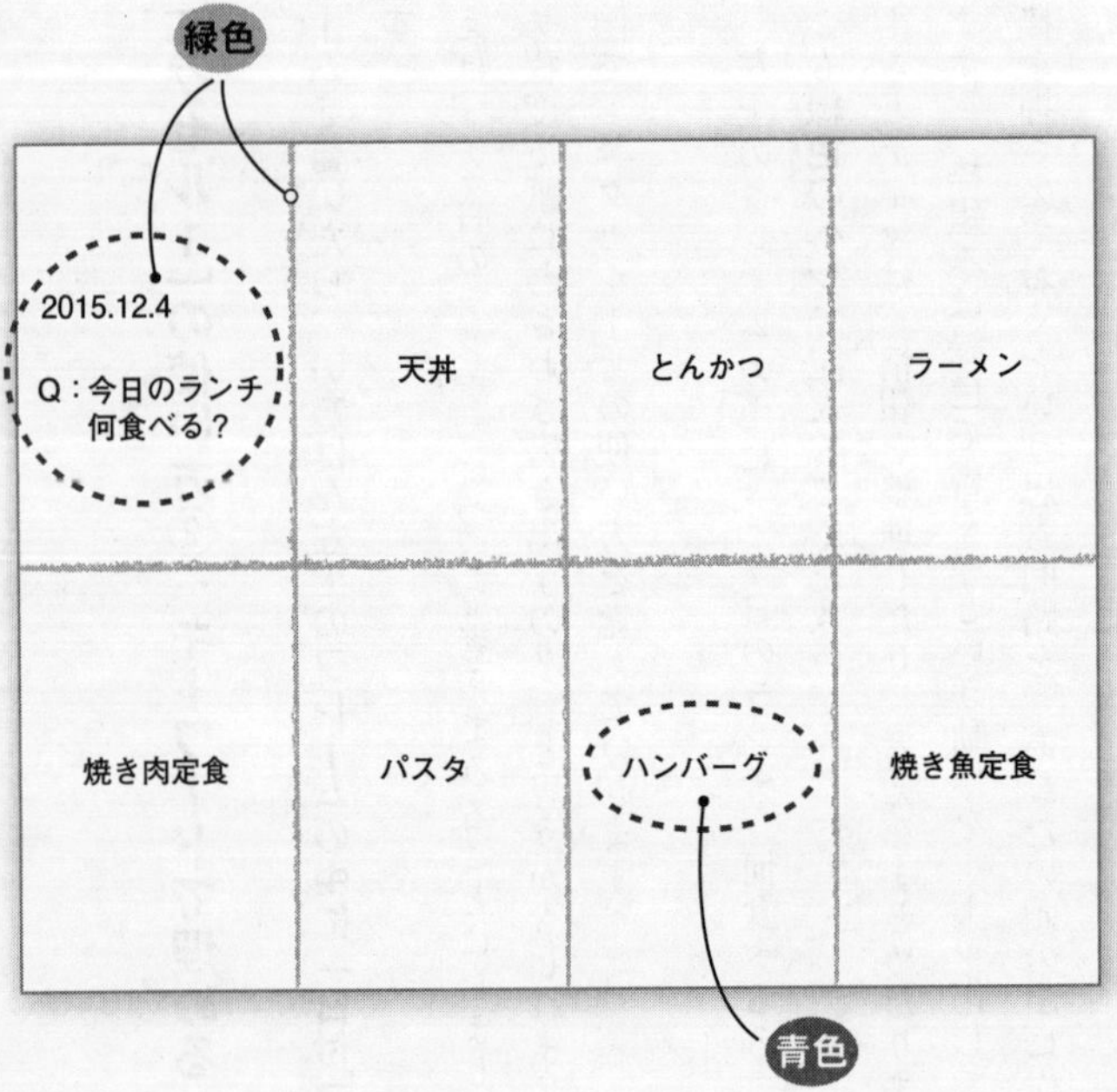

緑色のペンで「フレーム」を作り、いちばん左上に
「日付」と「テーマ」を書いたら、残りのフレームに
青色のペンで答えをどんどん書いていく

できます。

「テーマ」を書いたら、その答えを今度は青色のペンで残りのフレームの中に書いていきます。

頭に浮かんだ「キーワード」をどんどん書きます。原則として、1つのフレームに書き込む「キーワード」は1つ。枠の中を順番にキーワードで埋めていってください。

ご覧の通り、情報の「整理」ができました。

「エクセル1」の使い方③：考えを書き出す

ここからは次の「考えをまとめる」プロセスに入るので、そのことを意識づけできるように、ペンを赤色に切り替えます。そして、赤ペンを持ちながらこう自分に質問を投げかけてください。

「エクセル１」を使って考えをまとめる

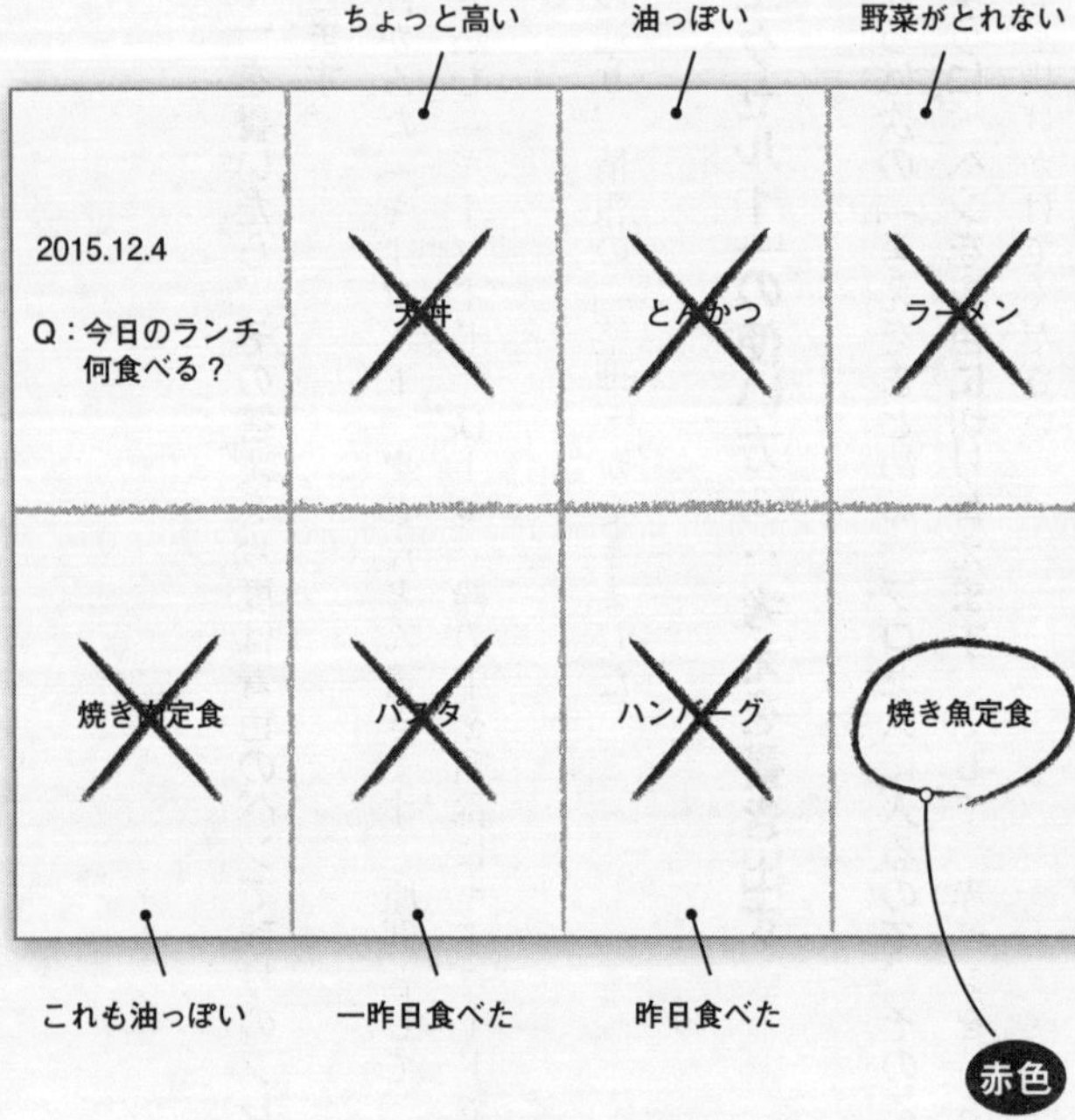

考えに沿って赤色のペンで印をつけていく

↓

「今日のランチは焼き魚定食にしよう」

「さて、どれを食べようか？」

すると、フレームに書かれたキーワードを見ながら思考が働き始めます。

「あれ？　なんだか油っぽいものが多いぞ」

「どれも野菜があまりとれないな……」

そこで、油っぽいもののキーワードには赤ペンでバツをつけていきます。

続けて、「焼き魚定食以外は、ここ1週間で食べたものばかりだな」ということに気づいたとすれば、これらにもバツをつけてしまいます。

結果、「じゃあ、今日のランチは焼き魚定食にしておこう」と考えがまとまっていく。

これが「考えをまとめる」プロセスです。

最大のポイントは、赤ペンで実際に書きながら行う、という「動作」にあります。

まず、緑色のペンで枠組みを作り、そこで青色のペンを使って頭の中の情報を整理する。続いて赤色のペンを手に取り、書き出された情報に対する思考を深めていくのです。

紙に書き出すからこそ、頭のごちゃごちゃが整理され、紙を見ながら考えるからこそ、思考が逃げず、集中できる。したがって、自然と答えを導き出せる、というところがポイントです。

ふだん考えをまとめる作業が苦手だという人は、これを頭の中だけでやろうとするために、思考が前に進まないのです。

15 書き出す作業に「時間制限」を設けたほうがよいのはなぜ？

「エクセル1」のフレームを書き、テーマを決めたら、そのテーマに関連するキーワードを枠の中に書き出していくわけですが、その時間をあらかじめ決めておくようにしましょう。

先ほどの例のようにフレームが8個ある場合であれば、テーマが書かれている1個を除く残り7個のフレームを埋める時間の目安は1分です。もし1分たったところで7個すべて埋まらなかったら、いったんそこで作業は終了します。

フレームの数が16個なら2分程度、32個なら5分程度を上限に設定するとよいでしょう。

なぜ、このような**時間制限**が必要なのか？

最大の理由は、時間を決めないと「いつまでもダラダラと考えてしまってまとまらないから」です。

そもそも青色のペンでキーワードを書き出す作業は、「考えをまとめる」プロセスではありません。情報を「整理する」プロセスです。だからこそ、制限時間を決めて、「考えをまとめる」モードからとりあえず「枠の中を埋める」モードに集中してもらいます。

この時点では「こんなこと書き出すようなキーワードじゃないよな……」などと頭で考える必要はありません。とりあえず書いてみて、あとで取捨選択すればいいのですから。

トヨタの有名な用語に「現地現物」というものがあります。現場に行って、現物をありのままに見ることが大事だ、という教えですが、この「ありのままに見る」力を鍛えるうえでも、こうやって「とりあえず埋められるようになる」トレーニングは効果的です。

実は、先入観や固定観念、思い込みにとらわれている人ほど、この青ペンによるキーワード出しの作業を苦手とする傾向があります。

これまで1000人を超える受講者にお会いしてきた中では、年配の気難しそうな人ほど、もっと極端に言えば、ワークショップ中ずっと腕組みしながら受講しているような人ほど、このワークをやると、3分の1も埋められない、などということが起こります。

逆に、以前中学生の女の子にもこの方法を教えたことがあるのですが、彼女は周りにいた社会人の受講者が言葉を失うくらい、素直に、あっさりと、時間内にすべてのフレームを埋めることができました。

時間短縮のために時間をかけていては本末転倒

キーワードを書き出す時間を決めるもう1つの理由は、「目の前の作業に一層集中できるようになるから」です。

学生のころの試験や、社会人になってからの昇進試験、資格試験、あるいはプレゼンなど、身近な例を挙げればきりがありませんが、それぞれの準備にもっとも集中できるのはどのタイミングか、想像してみてください。

試験の前日、プレゼンの前日など、期限が差し迫ったギリギリのときではないでしょうか？

「崖っぷち」に立たされれば、余計なことを考える余裕はなくなります。そのぶん、目的達成のための集中力がグッと高まるのです。

7個のフレームを埋める場合なら、その差し迫った緊張感を味わうのに最適な時間がおよそ1分なのです。

そもそも「紙1枚」にまとめるのは、それが仕事の質と効率アップにつながるからです。時間短縮のための手段を使うのに長い時間をかけてしまっていては、本末転倒ではありませんか？

「エクセル1」で考えるときのもう1つのポイントは、**「1回で完璧にやろうとしない」こと**です。やってみて納得がいかなかったら、何度もやってみればよいのです。

1枚にかかる時間はせいぜい3～5分。何十分もかけて最初から完璧を目指そうとするより、短時間で、何枚も挑戦するほうが結果的によいものが仕上がります。

16 「パソコン」と「手書き」、どちらのほうが効率的か？

「フレームの線は、手書きしなくてはいけないのですか？」

これは、ワークショップなどで受講者の方からよく聞かれる質問です。

毎回、わざわざ手書きでフレームを書くのは大変。だから、エクセルなどのアプリケーションを使って、あらかじめフレームのフォーマットを作っておき、それをコピーして使い回せばいいのでは……というのです。

たしかに、「エクセル1」のフレームは、パソコンなどで作ったほうが楽にできます。しかし、**「紙1枚」にまとめることに十分に慣れてきた場合は別として、最初のうちはあまりおすすめしません。**

理由の1つは、フレーム数がテーマに応じて柔軟に変わってくるからです。

アイデア出しを重視するならフレーム数はできるだけたくさんあったほうがよいですし、セミナーなどの受講メモを書く場合なら、1つのフレームはある程度大きいほうが便利です。

また、実際に手を動かしながらフレームを「書く」という動作は、「考えをまとめる」を始めるためのちょうどよいウォーミングアップにもなります。

「動作」を変えれば「気持ち」はあとからついてくる

そもそも「整理する」、あるいは「考えをまとめる」という行為は、楽な行為ではありません。

今年の夏休みはどこへ行こうか、ボーナスが入ったら何を買おうかなど、楽しいことを考えるのは苦になりませんが、仕事に関することやあまり触れたくないテーマについて考えるのにはエネルギーがいります。

だから、嫌な仕事、乗り気でない案件ほど、つい後回しになってしまう。「やらないといけない」と頭でわかっていても、「やりたくない」という気持ちが勝って、最初の一歩を踏み出せないのです。

気持ちが「よしやるぞ！」というやる気モードに切り替われば理想ですが、気持ちから変えようと思ってもすぐにできるものではありません。

そこで、まずは行動を変える。そのために動作から入るのです。

たとえば、家の中があまりに汚いようなとき、「片づけなくては」「掃除しなくては」と思いつつ、なかなか行動に移せません。

そんなときには、とにかく目の前のテーブルの上だけでもきれいにしてみる。テーブルの上にあるものをすべて片づけ、布巾できれいに拭き上げる。すると、それが「呼び水」のようになって、メキメキとやる気が湧いてくることがあります。ほかの部分も片づけよう、掃除しようという気になるのです。

フレームをあえて手で書くという動作はこれと同じです。

ノートに線を引いてフレームを作り、テーマを決めて書く……。頭は使わずに、とにかく手を動かします。

どんな「1枚」もまず、緑色の線を紙の上にスーッと引くところから始まります。

フレームができたら、いちばん左上のフレームに「日付」と「テーマ」を書き込みます。そしてペンを青色に持ち替える。もし3色ボールペンを使うなら、ここでカチッとペンの色を切り替える。すると、この動作によって、今度は頭の中の思考回路のスイッチが切り替わるわけです。

ここまでくると、「手で書く」ことへの抵抗感はグッと下がっているはずです。むしろ、目の前に空白のフレームがあることで、その中を埋めたい気持ちが出てくるでしょう。

こうして、「動き出すのがおっくうだな……」という状態から、「あとは埋めるだけでいいんだ」というモードへと、スムーズに移行できるのです。

それでも「手書き」でやることをおすすめする理由

もう1つ、よく受ける質問の中に「『エクセル1』に書き込んでいく作業を、すべてパソコン上でやってはいけないのですか?」というものがあります。

仕事でもプライベートでも、必要な文章はすべてパソコンやスマートフォンなどで打っていて、ペンを持つ機会はほとんどない――ますます便利なツールが登場している最近では、そういった人も多いでしょう。

「整理する」あるいは「考える」という動作をまったくやらない状態と比べれば、もちろん、パソコン上でもやったほうがましです。しかしやはり、できればすべて手書きでやることをおすすめします。なぜならそのほうが、結果的に効率がよいからです。

正直にお話しすると、トヨタで「1枚」を作っていた時期、私はパソコンを使っていました。まさにアプリケーションの「エクセル」を使って、ほとんどの作業を行っていたのです。手書きの字が汚かったものですから、なるべくなら書きたくないという気持ちも働いていました。

基本的にすべて手書きで行う「エクセル1」の方法を見出《みいだ》したのは、トヨタを退職したあとのことです。

しかし、トヨタ勤務時代にも、仕上げの段階では必ず紙にプリントアウトしていました。最後のチェックは紙面上で行います。すると、必ずといっていいほど、誤字や脱字、論点があいまいな点などが見つかりました。パソコンの画面上では気づかなかったミスです。

また、トッパン・フォームズ株式会社が行った実験によれば、パソコンの画面を見るときと紙面を見るときとでは、同じ情報でも脳の働き方が異なり、紙面を見たときのほうが、情報を理解しようとする部位である前頭前皮質が強く反応する、という結果が報告されています。

これらの根拠から、紙面で、手書きで行うという現在の型にたどり着きました。

一見効率が悪いように感じるかもしれませんが、あなたの脳がデジタル社会に適応して進化を遂げていないのであれば、かえって効率的なのです。

17

目的を見失いそうになったら「この口ぐせ」をとなえなさい

書類をまとめるに当たり、どんな種類のものであっても、最初に立てるべき共通の問いがあります。

それは、**「そもそも何のために、この『1枚』を作るのか？」**というものです。あなたがこれから仕事で作ろうとしている書類は何のためなのか、その目的を明確にするのです。

実はこの質問は、私自身が、トヨタに勤務していたときに上司からよく言われていたものでした。

書類を作るときに限らず、どんな仕事にも必ず目的があります。目的を見失うと、仕事は迷走してしまいます。

私が仕事の目的を見失いかけていると、上司は「そもそもこの仕事、何のためにやっているんだっけ？」「そもそもこの書類、何のために作っているんだっけ？」などと問いかけてくれました。その言葉は、迷走しかける私を本来走るべき道に戻してくれました。**「そもそも」という言葉によって、軌道修正をしてくれた**のです。

先述の「たたき台」をはじめ、『トヨタの口ぐせ』（(株）ＯＪＴソリューションズ／ＫＡＤＯＫＡＷＡ〔中経出版〕）という本も出ているように、トヨタには社内で飛び交うさまざまな独自の言葉がありますが、私の経験上、おそらくもっともトヨタらしい口ぐせがこの「そもそも」です。

「誰」に読んでもらう書類なのかをはっきりさせる

「１枚」を作るうえで「そもそも何のために作るのか？」を考えるときには、ちょっとしたコツがあります。

まず、自分がこれから作ろうとしている書類の「読み手」をはっきりさせます。

「1枚」を読む相手（もしくは伝える相手）が誰なのかを確認しましょう。

トヨタにいたころ、この部分は特にしっかりと教えられた点です。資料の読み手は社外の人なのか、社内の人なのか、社内なら他部署の人なのか、自部署の人なのか、さらに部長なのか役員なのかなどを考えなさい――と。

読み手をはっきりさせたら、次は「その相手にどのような反応をしてもらいたいか」を考えます。

たとえば企画書なら、読み手は上司や役員、社長など。取引先の担当者ということもあるかもしれません。彼らに期待する反応は、「たしかにこの内容なら安心だ」と感じてもらうこと、「この企画を進めよう」と言ってもらうことです。

営業報告書なら、読み手は上司という場合が多いはずです。上司に期待するのは、営業内容をよくわかってもらうこと。

書類の「読み手」をはっきりさせる

Q. 読み手は誰か？

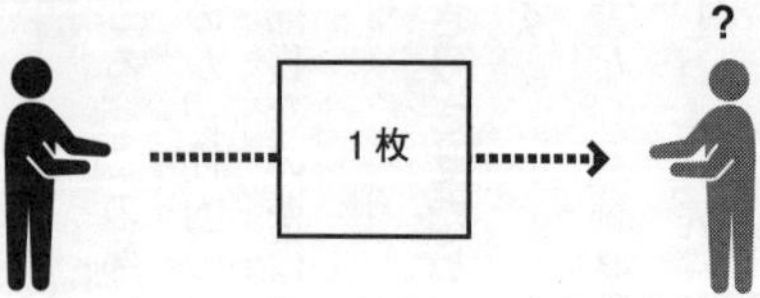

Q. 読み手にどのような反応をしてもらいたいか？

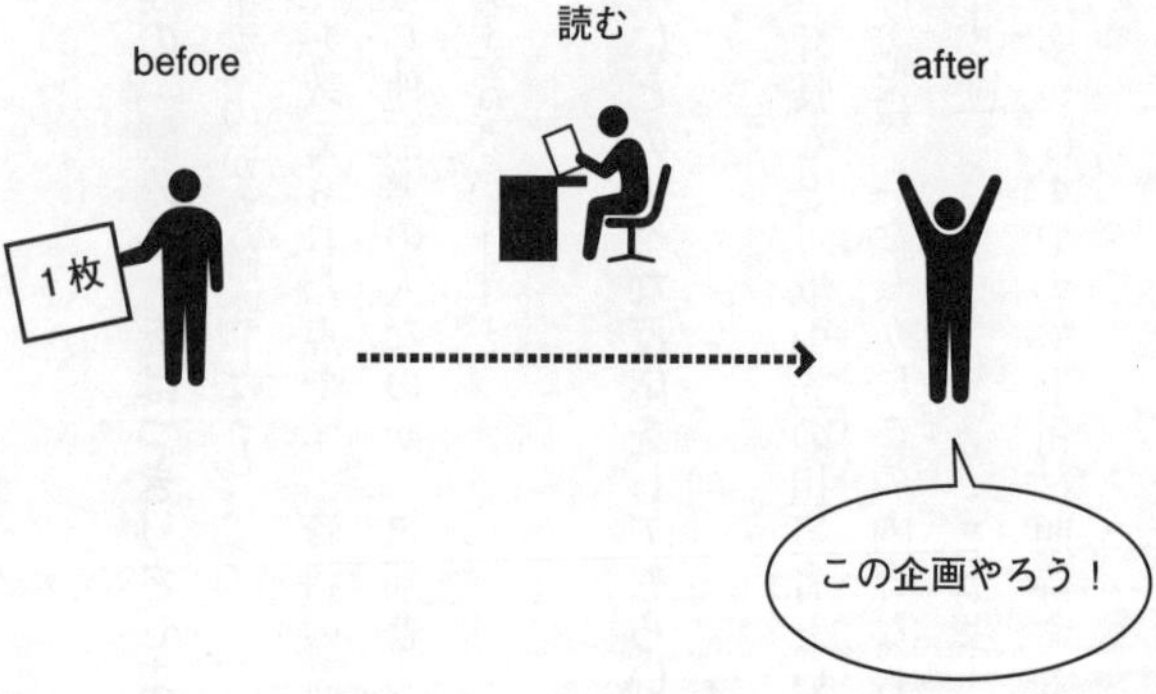

プレゼン資料なら、上司やクライアントといった読み手に共感してもらうことです。

このように、「1枚」には必ず読む相手、もしくは伝える相手がいます。そしてその相手が期待した反応や行動をしてくれてこそ、役立つものになるのです。

つまり、「そもそも何のために作るのか？」という問いは、書類の読み手とその読み手に期待する反応、行動をはっきりさせるために欠かせないものなのです。

「自分のため」に立てた企画は通らない

この問いはまた、自分本位の書類になってしまうことを避けるためのものでもあります。

たとえば「企画書を作る目的は？」という質問をすると、「自分の企画を通すため」と答える人がいます。

「プレゼン資料を作る目的は？」という質問をすると、「自分がプレゼンのときにうまく説明できるようにするため」と答える人もいます。
たしかにその答えは間違ってはいません。
ただし、「自分のため」の段階で止まってしまうと、結局は自分のためにならないうえ、結果もうまくいかないことが多いのです。

自分の企画を通すために自分が伝えたいことだけをひたすら訴える企画書は、まず通りません。企画書の読み手は、企画書を読みながら、この企画にゴーサインを出してよいかどうかを考えます。その判断材料となる情報を企画書に求めています。

「相手が知りたいことは何か？」を無視して、自分が伝えたい情報だけを載せても、相手の心を動かすことはできません。

たとえばメールなどで、一方的に自分の言いたいことだけを書き連ねているような文面に、不快感を覚えたことはないでしょうか。
まとまりのない長文を書き連ねたあげく、最後だけ「長文にもかかわらず、お読みいただき誠にありがとうございました」といった感謝で締めくるタイプのメールです。最後に感謝されていては文句の言いようもないわけですが、そもそも長文にならないための努力が見えない中で締めくくりにこの言い回しを使ってしまうのは、むしろ逆効果です。

少し話がそれてしまいましたが、要は読み手や聞き手を無視した自分本位の企画書やプレゼン資料は、こうしたメールと大差ないということです。相手に不快感を与えかねず、望ましくない結果に終わってしまうのです。

そこで、**「自分のため」という段階からもう一段階視点を上げて、読み手、受け手に配慮するようにします。**

その相手にどう反応してほしいのか、期待する反応をしてもらうためには、どんな「紙1枚」にすればよいのかを考える。

結局はこれが、自分の企画を通すことになり、プレゼンに共感してもらうことにつながるのです。

18

「エクセル1」でプレゼン資料を作る

続いて、実際の目的に沿った「エクセル1」の使い方をお伝えしていきましょう。

ここでは、新規企画提案のプレゼン資料を作るケースを例に説明します。

化粧品会社に入社して6年目のAさんが、上司に新商品の企画についてプレゼンすることになったとしましょう。

このときにまず考えるべきは、「そもそも何でこの資料を作るのか？」です。

そこで、**資料の「読み手（聞き手、伝える相手）」と「目的」を明確にします。**

• 資料の読み手……上司
• 資料の目的……企画内容について理解してもらうこと。結果として、上司から企画のゴーサインをとりつけること。

資料の読み手と目的について、このようにすぐはっきりさせることができたのであれば、次のプロセスに進んでかまいません。

一方、もし「読み手って言われても……」「目的っていったい……」と迷う状態なのであれば、そのときは「エクセル1」の出番です。

先ほどお伝えした書き方に沿って「読み手は誰か？」あるいは「目的は何か？」というテーマを左上に書き込み、残りのフレームにそれぞれ思い当たる答えを書き出していきます。目安はフレーム8個、1分以内で十分でしょう。

続いて、「プレゼンを行った際に相手が聞いてきそうな質問は何か？」を考えます。

ここでもやはり、「エクセル1」を使います。

今回はフレーム数を16個にして、テーマの部分に「上司がしてきそうな質問とは？」と緑色のペンで書き込みましょう。

そしてテーマに対する答えを、青色のペンで残りのフレームの中に書いていきます。

前述の通り、この段階ではあまり考え込まず、思いつくままにどんどん書いていきましょう。

1枚の紙に複数の質問が出そろったら、まずはそれを眺めてください。

そして、書き出した質問のうち、「読み手がもっとも知りたそうなものはどれか？」を考えます。

読み手や聞き手が上司なら、同じような場面で上司はいつもどのようなことを聞いてくるかを思い出してみましょう。企画の内容を何よりも重視する人、真っ先に予算を気にする人など、質問の仕方にも人それぞれ個性や癖があるものです。

相手が新規のクライアントなど、未知の人物なら、相手の立場を想像して考え

「エクセル1」でプレゼン資料を作る

2015.12.4 Q： 上司がしてきそうな質問とは？	価格は？	パッケージのイメージは？	なぜ今この商品？
商品のターゲットは？	競合商品との差は？	競合商品は？	この商品の強みは？
なぜうちの会社で出すべき？	プロモーションは？	どこで売る？	利幅は？
お客様は何に困ってる？	新しさは？	品質は？	

①
まず、テーマに対する答えを思いつくままにどんどん書いていく

②
読み手や聞き手がもっとも知りたそうなものを選ぶ
↓
「この商品の強みは？」

2015.12.4 Q：この商品の強みは？	簡単	アンチエイジング	Q10
10秒	化粧水 乳液 下地　これ1本	低価格	自然派志向
20代から始める	赤ちゃん肌	サラサラ	香りがよい
色が選べる（10色）	1年中同じものを使える	詰替え	

③
選んだ質問に対して、再び別の「エクセル1」を使って答えを書き出す

てみましょう。

ここでは仮に、読み手がいちばん知りたいのが「この商品の強みは?」であるとします。**質問を確定したら、その質問に対して、再び「エクセル1」を使って答えを出していきます。**

書きながら新たな疑問が出てきたときは……

実際に紙に書いて進めていくうちに、「ひょっとしたら、この部分をさらに詳しく聞かれるかもしれない」「こういう角度からもツッコまれるかも?」などと、新たな問いが浮かんでくる場合があります。

新規の企画提案の資料であれば、商品の強みを挙げたあと、おそらく読み手は「どうしてそれが強みといえるのか?」という疑問を持つでしょう。

このように、**新たな疑問が生まれたら、再び別の「エクセル1」を作り、青色**

書きながら新たな疑問が出てきたときは……

￥1800～￥2000

A社○○
B社△△

答えがすぐに出るものについては余白にメモをしておく

20代後半女子

2015.12.4 Q： 上司がしてきそうな質問とは？	価格は？	パッケージのイメージは？	なぜ今この商品？
商品のターゲットは？	競合商品との差は？	競合商品は？	この商品の強みは？
なぜうちの会社で出すべき？	プロモーションは？	どこで売る？	利幅は？
お客様は何に困ってる？	新しさは？	品質は？	

「エクセル1」に答えを書き出す

2015.12.4 Q： この商品の強みは？	簡単	アンチエイジング	Q10
10秒	（化粧水 乳液 下地 これ1本	低価格	自然派志向
20代から始める	赤ちゃん肌	サラサラ	香りがよい
色が選べる（10色）	1年中同じものを使える	詰替え	

答えがいくつも出そうなものは別の「エクセル1」に書く

2015.12.4 Q： 新しさは？	△△	□□	
○○	××	◎◎	

新たな疑問

「どうしてそれが強みといえるのか？」

↓

別の「エクセル1」にまとめる

2015.12.4 Q： どうして強みといえる？	☆☆	●●	
※※	▽▽		

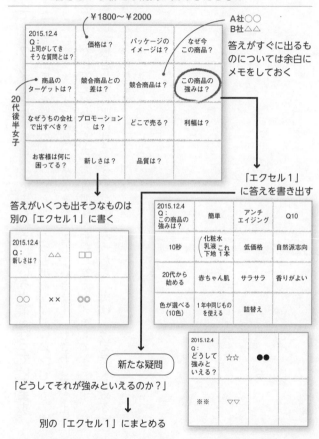

ペンでキーワードを埋め、赤色ペンでまとめる、という作業を行っていきます。

また、先に出てきた質問のうち、答えがいくつも出そうなものについても、同じように「エクセル1」を使って答えを書き出していきます。わざわざ書き出さなくてもすぐに答えがわかるような質問は、余白に答えをメモしておきます。

こうして想定した質問に対する答えが出そろったら、次は「考えをまとめる」作業に入っていきます。

19 まとめるときのキーポイントは「ひとことで言うと？」

たとえば、会社の先輩や同僚に、仕事のやり方について質問をしたとき――ひとことで明快にスパッとわかりやすく答えてくれる人や、前置きが長くて、なかなか答えを言ってくれない人、あるいは、結局最後まで明快な答えを言ってくれない人、いろいろなタイプの人がいると思います。

こんなとき、あなたが求めているのは、わかりやすくて明快な「ひとこと」ではないでしょうか。

これは、会社の上司なども同じです。

「この件、ひとことで言うとどういうこと？」

「この企画、ひとことで言うとどんなもの？」

「要するに、どういうこと？」

そんなふうに聞かれたことはないでしょうか。

そう、基本的に皆、知りたいことや知っておくべきことについては、できるだけ短時間で、簡単に理解したいと思っているのです。

それは、書類の読み手や受け手にとっても同じことです。

そこで、「紙1枚」にまとめるときにも、「ひとことで言うと？」という問いが大事なキーになります。

1つに絞りきれなければ最大3つまでOK

先ほど紹介したプレゼン資料の作り方では、相手がもっとも知りたい質問を選び出し、「エクセル1」で答えを出す手順についてお話ししました。

141ページに示した例のように、テーマに対する答えがいくつも出てきた場合、それらをただ紙の上に並べただけではわかりにくいものになってしまいます。

そこで登場するのが、魔法の口ぐせ「ひとことで言うと？」です。「この商品の強みは？」というテーマについてまとめるときには、「この商品の強みをひとことで言うと（どうなるか）？」と考えるのです。

ここでは、赤色のペンに持ち替えます。そして、書き出した1枚を眺めながら、いちばんの強みといえそうなものを丸で囲みます。

甲乙がつけがたく1つに絞れない場合は、最大3つまで選んで丸で囲みます。

「2つあります」あるいは「3つあります」も立派な「ひとこと」ですから。

ただし、4つ以上だと相手が理解しづらくなるので、最大3つまでとしておいてください。

もちろん、うまく1つに絞れるに越したことはありません。そうすれば、それがそのまま、「この商品のいちばんの強み」になるというわけです。

これで、「ひとことで言うと、○○がこの商品の強みです」「強みは3つあります。1つめが……、2つめは……、そして3つめが……」というように論理立て

「ひとこと」で言える答えを見つける

2015.12.4 Q：この商品の強みは？	簡単	アンチエイジング	Q10
10秒	化粧水 乳液 下地 これ1本	低価格	自然派志向
20代から始める	赤ちゃん肌	サラサラ	香りがよい
色が選べる（10色）	1年中同じものを使える	詰替え	

もっとも答えにふさわしいものを選んで、
赤色のペンで○で囲む
（1つに絞りきれない場合は最大3つまで）

↓

ひとことで言うと……

20代から始めるアンチエイジングを
これ1本で実現できる！

て説明できるようになります。

また、1つに絞りきれず答えが複数になったときには、それらの共通点を探してみることで、ひとことで言えるポイントが見つかる場合もあります。ぜひトライしてみてください。

さて、ここまで「考えをまとめる」プロセスに主眼を置いた説明をしてきました。

緑色のペンでフレームを用意し、青色のペンで書き出したキーワードを眺め、赤色のペンで丸をつけて重要な項目を抽出するのです。

ここまできたら、あとは整理した情報を資料としてまとめるだけです。基本的には第1章で〝MY《マイ》1枚〟としてご紹介した「フレーム」と「テーマ」が書かれた「1枚」を、そのまま活用するだけでかまいません（87ページ図表参照）、必要な参考データなどがあれば、この段階で追加するのもよいでしょう。

20 より一層相手に伝わりやすくなる「とっておきの工夫」

これまで紹介してきた「整理する」「考えをまとめる」というプロセスがきちんと踏めていれば、「伝える」ことはいたって簡単です。なぜなら、それらのプロセスを経てまとめられた内容をそのまま話すだけで十分だからです。

一方、多くの人が「伝わらない」という悩みを抱えている理由は、そもそも伝える前に考えをまとめていないからです。

では、なぜ考えをまとめられないのかといえば、考えるベースとなる情報を整理しないまま考えようとしているからです。

緑色と青色のペンを使って情報を整理し、赤色のペンを使って考えをまとめていく。この手順が自覚的に身につけば、それだけでわかりやすく「伝える」ことは十分に可能です。

ただ、「1枚」の機能をより高め、より一層相手に伝わりやすいものにするなら、伝え方にも工夫できる点があります。

チャンスを逃さない人がやっている「ある動作」とは?

トヨタに勤務していたときに私の頭を悩ませていたのが、上司たちのあまりの多忙さでした。

私が担当していた仕事には、自部署だけでなく他部署の決裁をとらないと進まない案件がいくつもありました。そのため、ゴーサインをもらうための「1枚」は、特に考え抜いて作りました。

しかし、相手は多忙を極める身。完成した「1枚」を渡して説明すると、一応は聞いてくれますが、「とりあえず今はもらっておくよ」と言われ、書類を渡したまま何日も返事をもらえないこともありました。

正直なところ、仕事が思うように進まず、「こっちはこんなに考え抜いて作っているのに……」と同僚にグチをこぼしていたこともあります。

しかし、グチをこぼしているだけでは仕事は前に進みません。そこで、身近にいる順調に仕事を進めている先輩や、「あの人は仕事ができる」と一目置かれている先輩の動きを細かく観察したのです。

すると、彼らが共通して、ちょっとした「ある動作」を行っていることに気づきました。

それは、**「書類を見せながら、指をさす」**ということ。

先輩社員である彼らは、上司に相談・報告・連絡などをする際、1枚の書類を用意するだけではなく、それを見せながら説明し、さらには説明している箇所を指でさしていました。

たとえば、グラフ部分を指でさしながら「こちらのグラフが示すように、今月の予算消化率が極端に下がっています……」などと説明するのです。

私もさっそく真似《まね》してみることにしました。たとえ時間が1分しかなくても、上司には必ず「1枚」の書類を見せて、指をさしながら説明するようにしたのです。時にはそれが、上司が社内のエレベーターに乗っているわずか数十秒間、などということもありました。

見せながら、指をさす——。

本当に些細《ささい》な動作です。しかしそのちょっとした工夫で、それ以前に比べて相手の注意をグッと引きつけることができ、伝わりやすさも大きく変わることを実感したのです。

21 「構造」を示せば聞き手は耳を傾けてくれる

報告、連絡、相談、売り込み、依頼、交渉……仕事は、誰かに何かを伝えることの連続ともいえます。

誰かに何かを伝えるとき、まずは話の「構造」を先に示してあげると、相手はより短時間で、より正確に理解してくれるようになります。

このことをあらためて実感したのは、以前、海外旅行に行ったときのことでした。

旅行中、現地にある世界遺産の1つのガイドツアーに参加したときのことです。建物の中では、日本語を流暢《りゅうちょう》に話す女性ガイドさんが、世界遺産について説明してくれました。

「うまいなあ」と感心したのは、このガイドさんがマイクのスイッチのオンとオフを巧みに利用していたことでした。

彼女は説明をするとき、基本的にはマイクを使って話すのですが、ときどきマイクのスイッチをオフにして話すのです。

たとえば「この王家のお墓には、歴代の27人の国王が眠っています……」と、ここまで話したらマイクのスイッチを切ります。その後、今度はマイクなしで「それに対して、奥様のお墓の数はもっと多いんです、誰の奥様がいちばん多かったと思います？」などと言って、笑いをとっていくのです。

「大きい声では言えない、ここだけの話ですよ」という秘密めいた感じで、おもしろいネタを披露する。すると、笑いが起こります。

実は、これが彼女の話し方の「構造」でした。

何度か同じような話し方をするうちに、聞いているほうは、「彼女がマイクのスイッチを切るのは、何かおもしろいことを言うときだ」というのがわかってきます。ツアーの参加者が勝手に、彼女の話し方の構造をつかむのです。

すると、彼女がスイッチを切るだけで、皆、自然と彼女に注目し、耳を傾けます。「次はどんなおもしろいことを言ってくれるんだろう?」と期待して、彼女の話に集中する。もっと言うと、すでに「笑う準備はできているぞ」というスタンスで話を聞くわけです。すると、あまりおもしろくない内容のときでも笑ってしまうわけです。

こうした構造の活用の仕方が、彼女の話をより伝わりやすいものにしていました。

このように、聞き手は、話し手の話し方の構造がわかると、聞きやすさが増して「聞こう」という気になります。話の内容がどっちの方向へ進むのかわからない話は、よほどおもしろい話でない限り、聞き手の集中力を削《そ》ぎます。

伝え方に困ったときの「構造フレーズ」

同じように、あなたが手元の「1枚」の内容を誰かに伝えるときにも、まずは話の構造を相手に示してあげるとよいでしょう。

といっても、そんなに難しいことではありません。次の例のように、これから話す内容の方向性をあらかじめ言ってあげればいいのです。

「この企画のいちばんの強みを**ひとことで言うと……**」

「**理由は3つあります。**まず1つめは……」

「**実現は3つのステップで進めます。**第1ステップは……」

特に使い勝手がよいのが、「ひとことで言うと……」と「3つのポイント」です。

「ひとことで言うと……」と言われれば、聞き手は「これからひとことで言ってくれるのだな」とあらかじめわかる。

「理由は3つあります」と言われれば、「これから3つの理由を説明するのだな」と聞く準備ができる。

このように、話の行方が少しでもわかると、聞き手は安心して耳を傾けることができるのです。

私はこうした言い回しを**「構造フレーズ」**と呼んでいて、受講者の方に繰り返し練習してもらっています。

伝えることに苦手意識が強い人ほど、こうした「構造フレーズ」を使うことに慣れていません。もっと言うと、自分は「構造フレーズ」を使うような人間ではない、という強い固定観念、メンタルブロックがある場合もあります。

「1枚」をまとめる際に、3つのポイントに絞ることを重視したのは、よりわかりやすく伝えるための構造作りでもあるのです。

ちなみに、ここで「3つ」にこだわるのには理由があります。それは、**「3」という数が、人が一度に覚えるのにもっとも適当な数だから**です。

先ほども登場した『7つの習慣』というベストセラーの本がありますが、私はよくセミナーなどで、受講者に「この本を読んだことのある人は手を挙げてみてください」と尋ねます。ベストセラーだけあって、たくさんの人が手を挙げます。

けれども、「では、7つの習慣を全部覚えている人はいますか？」と言うと、ほとんど手が挙がりません。いくつかは覚えているという人でも、せいぜい3つまで、という人が大半です。

人が一度に把握できる情報の数は、だいたい3つまでが妥当なのです。

さらには、3つの場合、「ホップ、ステップ、ジャンプ」のように、相手にサプライズの効果を与えることもできます。

事例が1つなら、多くの人が挙げられます。しかし、大半のビジネスパーソンは一発勝負でコトを済ませようとするので、2つ挙げる人は極端に少なくなります。したがって、2つで満足してもらえることも多々ありますが、そんな中、3つめを挙げられると、満足以上のもの、つまり、驚きへとつながっていきます。

ただし、4つめ以降になると、今度はむしろ、「もう十分、お腹《なか》いっぱい」という状態になってしまいます。

このように、常に3つにまとめようとすることで、こちらが望む反応を返してもらえる可能性も一段と高まるわけです。

22 「エクセル1」の活用法 その1 スピーチ原稿を作る

「エクセル1」は、実は企画書や報告書、打ち合わせ資料といった書類作り以外の仕事の場面にも活用できます。

ここでは、次の3つの例を紹介します。

①「エクセル1」で、スピーチ原稿を作る
②「エクセル1」で、難しい話を理解する
③「エクセル1」で、仕事の優先順位をつける

まず、①の「スピーチ原稿を作る」方法からお話ししていきましょう。

人前で自己紹介したり、上司にクライアントとの打ち合わせ結果を報告したり、プレゼンを行ったり……と、仕事上、人前で何かを発表する機会は頻繁にあります。このときの原稿作りに、「エクセル1」が活用できるのです。

ここでは自己紹介する場合を想定してみます。

もし今、あなたのいる環境が許すなら、一度「エクセル1」で原稿を作る前（ビフォー）の自己紹介がどんなものなのか、実際に行ってみてください。

といってもいきなりやるのは難しいので、考える時間を2分半とって（ただし、紙を使わず頭の中だけで）、そのあと声に出して30秒間で簡単に自己紹介を行います。もちろん、うまくできてもできなくても結構です。そして、「『エクセル1』を使う前の自己紹介はこんな感じだ」ということを覚えておきましょう。

続いて、今度は実際に「エクセル1」を用いて自己紹介の原稿を作ります。

❶最初はやはり、緑色のペンでフレームを作るところから始めます。自己紹

介＝自分について、ですから、フレーム数は少し多めに16、もしくは32としておきましょう。

❷左上のフレームに、「日付」と「テーマ」を入れます。立てるテーマは「自分を紹介するとしたら？」「私はどんな人？」「私に関するキーワードは？」など。自己紹介につながるテーマを選んで、緑色のペンで書き込みます。

❸続いて青色のペンに持ち替え、テーマに沿って自分に関するキーワードを入れていきます。出身地、年齢、職種など、何でもかまいません。思いつくままに書き入れていきます。

時間の目安は、フレームが16個の場合は1分半、32個の場合は3分。自分に関することなので、なるべくスムーズにすべてのフレームを埋められるように心がけましょう。

ただし、決めておいた制限時間を過ぎたら、たとえ埋まっていないフレームがあったとしても、そのままでOKです。

❹フレームの中にキーワードが書けましたか? これで「整理する」プロセスは完了です。

今度はペンを赤色に持ち替えて、キーワードを眺めながら「話す順番」を考えていきます。

最初に話そうと思うことについては「①」、次に話そうと思うことには「②」……といった調子で、順番に番号を振ります。

丸をつける数は、自己紹介の発表時間を目安にして決めます。発表する時間が30秒なら、7個前後が適当でしょう。この作業を1分で行います。

❺ここまでできたら、あとは発表するだけです。「❹」のステップで番号を振った順に話していきます。

このとき、番号のついたキーワードを指でさしながら話すと、よりスム

「エクセル1」で自己紹介の原稿を作る

①緑色のペンでフレームを作る

2015.12.4 Q：自分を紹介 するとしたら？			

②青色のペンでキーワードを入れる

2015.12.4 Q：自分を紹介 するとしたら？	問題解決	バンクーバー	SAVAGE GARDEN
トヨタ	読書10000冊	LA	ラルクアンシエル
グロービス	伝わる	ヨセミテ	シルク・ドゥ・ソレイユ
1枚	名古屋	ラーメンズ	ドラッカー

③赤色のペンで「話す順番」を考える

2015.12.4 Q：自分を紹介するとしたら？	問題解決	バンクーバー	SAVAGE GARDEN
② トヨタ	読書10000冊	LA	ラルクアンシエル
グロービス	④ 伝わる	ヨセミテ	シルク・ドゥ・ソレイユ
1枚 ③	名古屋 ①	ラーメンズ	ドラッカー

ーズに話すことができます。

①のキーワードの話が終わったら次は②のキーワードを指でさしながら話す、というように、思考があらかじめ準備した道筋から外れにくくなるのです。

逆に指さしをしないで発表してもらうと、多くの人が目の前の「1枚」を無視して話し始めます。それほど、指さしの影響はパワフルなのです。

「キーワードだけで、本当に文章として話せるの？」という疑問を持った人がいるかもしれませんが、心配はいりません。

実際にやってみるとわかりますが、1枚の紙にキーワードを書き込み、話す順番に沿って指でさすという「動作」を忠実にやると、意外と話せるものなのです。

私がトヨタで日々作成していた「1枚」も、やはりキーワード、あるいは端的な表現が中心でした。**内容がしっかりと考え抜かれ、まとまったものにさえなっていれば、そのキーワードをもとに話すべき内容は自然と出てきます。**

これまでに受講者の方々が作った「エクセル1」と、それをもとにした自己紹介の例を紹介しましょう。

実際に「エクセル1」の原稿を使って自己紹介をしてもらうと、ほとんどの人が「エクセル1」を使う以前とのギャップに驚きます。

また、手元に「1枚」があることで、自然と発表するときの声は大きくなり、話し方も自信に満ちたものになります。**「1枚」が心の拠《よ》り所となって、人前でも安心して話せるからです。**

「エクセル１」を使った自己紹介の例

・A さん

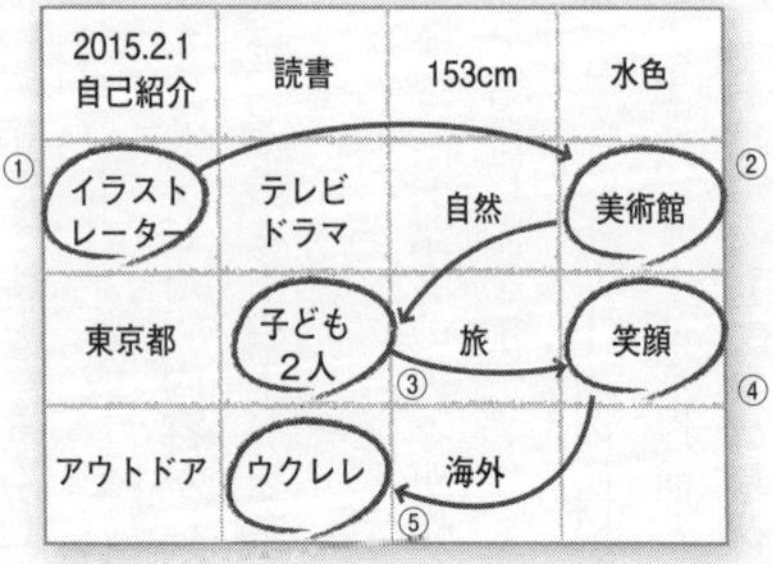

「私はイラストレーターとして働いています。以前は勉強のためによく美術館に行っていました。けれども、小さな子どもが２人いて、最近はその時間がなく、仕事もあり、笑顔が消えがちになります。――忙しさに負けて。でもその笑顔を取り戻そうと思い、最近ウクレレという趣味を始めました」

・B さん

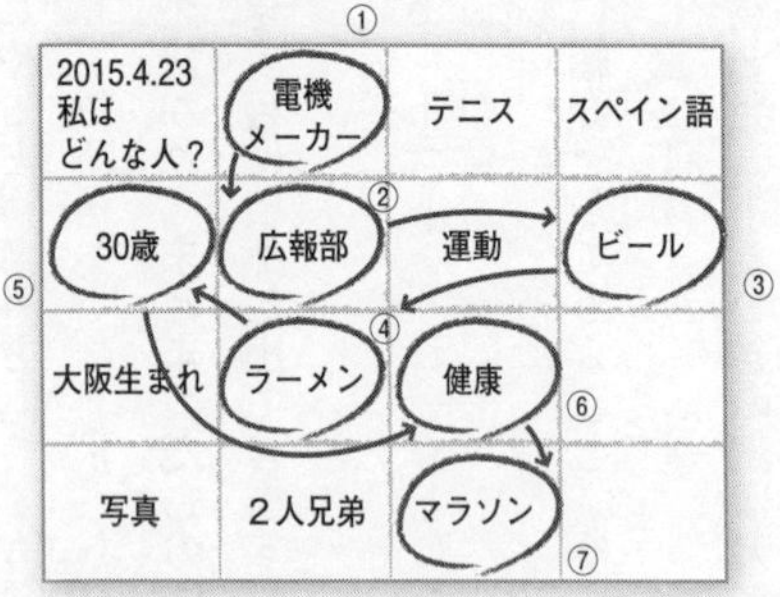

「●●と申します。電機メーカーの広報部で働いています。食べることと飲むことが大好きで、毎日のようにビールとラーメンの間を行ったり来たりしていたのですが、去年 30 歳の大台を迎えてこのままではまずいと思い、健康のためにランニングを始めました。今年中にフルマラソン完走を目指して、この週末も大会に出る予定です」

「人前で話すと緊張してしまって……」という悩みに心当たりのある人は、ぜひ自己紹介に限らず、テーマに合わせてこの活用法を実践してみてください。緊張せずに話せるようになるはずです。

23 「エクセル1」で散らかった頭の中を片づけよう

文章をまとめるときの大事なポイントは2つあります。

それは「何を書くか」「どういう順番で書くか」を決めること。この2つが決まれば、文章はあっという間にできます。

ところが多くの人は、この2つの要素を頭の中だけで考えようとします。

頭の中だけで考えようとすると、情報があふれてまとまりがつかなくなるか、うまく情報を引き出せずに、書くべきことが浮かんでこないままになるかのどちらかでしょう。

そこで、「エクセル1」を使って、頭の中を書き出して「見える化」します。

情報があふれすぎてまとまりがつかない場合は、これだけで意外なほどすっきりするはずです。実際に文字にして書くことで、どんなふうにごちゃごちゃしているのか、頭にどんな情報が入っているかが目で見て把握できるうえに、必要な情報とそうでない情報の選別もしやすくなります。

「片づけの基本は、まずは中身を全部出してみること」だといわれます。

たとえば、散らかった机の引き出しの中を片づけるなら、まず中身を全部取り出してみる。引き出しに入っているものをすべて目の前に出して、いるものといらないものに分類し、いらないものは捨てる。そして、残ったものは、用途別などに分類してしまう……。

こうすれば、引き出しの中はあっという間にすっきりと片づきます。

原稿を考えるときに「エクセル1」を使うのは、まさにこれと同じ。頭の中の片づけなのです。

書くべきことが浮かばない場合の対処の仕方

書くべきことが思いつかない場合にも、「エクセル1」は活躍してくれます。

「書くべきことが何も浮かばない」という人の多くは、最初からまとまった話を書こうとする傾向があります。けれども、まとまった話というのは、そうすぐに思い浮かぶものではありません。

そこで、「エクセル1」を使ってキーワードを探します。出身地の「東京」、趣味の「マラソン」などのように、とりあえずキーワードだけを放り込んでいく。この気楽さが発想を助けてくれます。

また、キーワードを探している最中に、行き詰まってしまう場合もあります。自分を紹介するキーワードとして、仕事の「営業」と年齢の「35」というキーワードは出てきたけれど、ほかのものがさっぱり浮かんでこない……といった場合です。

こんなとき助けになるのが、「制限時間」と「フレーム」です。**限られた時間内に、限られた箇所を埋めなければいけないと思うことで、頭の中が切り替わります。**

「なんとか埋めなくては……あ、趣味のキーワードがあったな。……それと、家族構成を紹介してもよいかもしれない」などと、発想が切り替わるのです。すると、芋づる式に次々とキーワードが出てくる場合もあります。

このように、「エクセル1」は頭の中を片づけ、発想の転換を促してくれます。よって、自己紹介だけでなく、さまざまな分野の内容をまとめるのにも役立つのです。

24

「エクセル1」の活用法 その2 難しい話を理解する

打ち合わせや会議に出席しても、内容がよくわからない。クライアント企業を訪問し、ヒアリングしたものの、相手の話がよく理解できない……。

このような場合にも、やはり「エクセル1」を活用します。

複雑な内容になりそうな打ち合わせや会議のときには、フレームを書いた紙1枚を前もって用意しておきます。フレーム数は16個だと足りない可能性もあるので、32個のものを用意しておくとよいでしょう。

打ち合わせや会議の際に、この紙を手元に置いておきます。左上のフレームには「日付」と「会議のテーマ」を入れておきましょう。

これは実際に受講者の方から報告してもらった事例ですが、こうしてフレーム

打ち合わせや会議のときには「１枚」を用意する

※この「1枚」の「記入フォーマット」をダウンロードできます。「サポート特典ページ」に掲載しています（使い方動画もあります）ので、詳しくは巻末の「文庫版あとがき」をご覧ください。

を作ろうとしたときに、会議のテーマが思い浮かばず、書けなかったことがあるそうです。

もし、あなたも同じような状況に遭ったら、ぜひこう問いかけてみてください。

「そもそもその会議は、やる必要があるのか？」と。

テーマがあいまいな会議というのは予想以上に多いものです。しかし、多くの場合、参加する人はそのことを自覚できていません。

そんなときには、「エクセル1」を作ってテーマを書くということを実践してみてください。たったそれだけでも、打ち合わせの場がずっと意義深いものになることを保証します。

テーマが書けたら、あとは打ち合わせや会議の出席者がとめどなく話す内容を、フレームに書き込んでいきます。

書き込むときのコツは、相手の話を最初から最後まで全部記録しようとしないこと。ポイントになりそうなキーワードや「これは大事だな」と思ったところ、また、反対に意味のわからない言葉が出てくれば、それも書いていきます。

1つのフレームに入れるのは、基本的にキーワード1つです。文章を書き込んでもかまいませんが、話題が変わったら、新しいフレームに書き込んでいきます。

この段階ではあまり深く考えず、とにかく淡々と話の中身に耳を傾けます。

大事なのはこのあとです。目の前の1枚を眺めながら、考えをまとめる作業に移るときに、いろいろな「問い」を立ててみましょう。

「エクセル１」で会議の内容をまとめる

△□●○※☆◎▽○★☆●◇★○★★※☆★◎▲……

ただ並んでいるだけだと関係性をつかみにくいが……

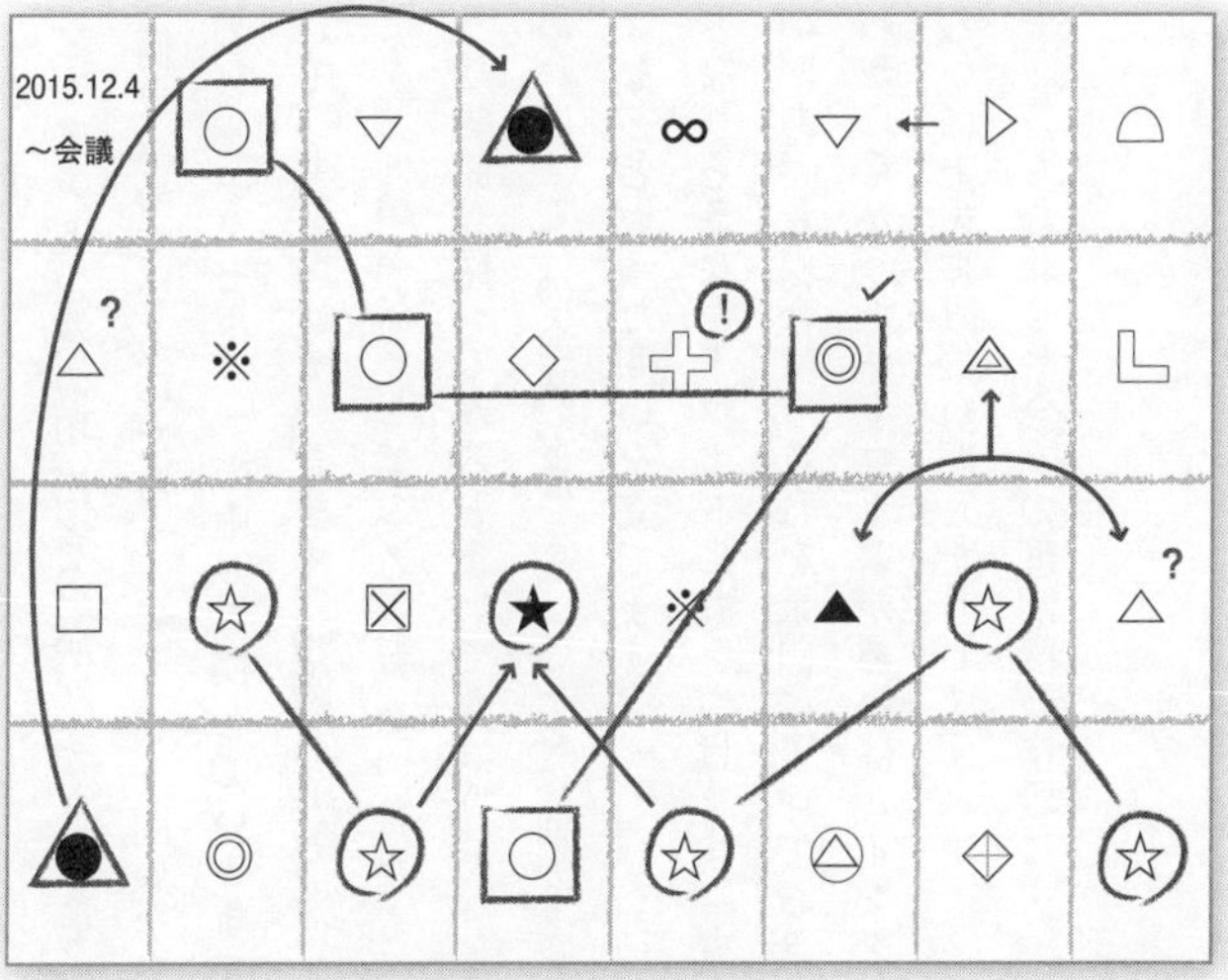

一覧にすると関係性がつかみやすくなる

たとえば、クライアント企業の担当者の話がよくわからなかった場合には、「この人は、結局何を求めているのだろう?」という問いを立てます。

そしてその答えを「エクセル1」の中から探していきます。「これでは?」と思うものを見つけて、丸をつけていきます。複数の丸がついた場合には、関係のありそうなものを線で結ぶなどしてみる。丸をつけたものに「共通点はないか?」などといった関係も探ってみるとよいでしょう。

会議の場合であれば、「この会議で決まったことは何か?」「出席者の合意を得たことは何か?」などといった問いを立てます。

ここでも答えとなりそうなキーワードに丸をつけます。丸をつけたキーワードに共通点や共通項があった場合は、それを余白に書いておきます。

また、意味がわからなかったキーワードがあれば、インターネットなどを使って調べたり、あるいは上司に直接質問したりします。

こうすることで、打ち合わせや会議の理解度が格段にアップするはずです。

打ち合わせや会議で〝迷子〟にならないために

打ち合わせや会議の記録に「エクセル1」を使うメリットはほかにもあります。

打ち合わせや会議というのは、常に一方向に向かって理路整然と進むわけではありません。いきなり話題が変わったり、元の話題に戻ったりすることもしばしばです。終盤になって、再び最初の話題が出てくる場合もあります。

そんなとき、「エクセル1」で記録しておくと、「一覧性」があるおかげで、話の流れや飛び具合などがよく見えるようになります。内容をまとめた1枚の紙は、目に見えない時間の流れを「見える化」してくれるのです。

また、話し合いが何時間も長引いたときに、とても多くの情報をやりとりした感覚を抱くことがありますが、実際にやりとりされたテーマや情報量は、思っていたよりずっと少ない、という場合も多いものです。

そんなとき、打ち合わせの記録を「エクセル1」にまとめておいて、分類できそうなテーマごとにキーワードを丸や三角、四角などで囲んでいきます。

こうすると、さまざまな内容について話していたように感じていたところが、実は「予算」と「スケジュール」、「デザイン」の3つが主だった、というように、テーマが絞られるというメリットもあります。

25 「エクセル1」の活用法 その3 仕事の優先順位をつける

仕事の質と効率を高めるうえで、優先順位を正しくつけることは非常に重要です。

目の前の雑務に追われて、本当はいちばん大事なはずの企画書の作成を後回しにしたり、重要なプレゼンを翌日に控えていながら、翌々日の会議の資料をコピーしたりしているようでは、仕事の質も効率も上がりません。

「仕事に優先順位をつけなさい」とは、よく聞く言葉です。しかし、具体的にどうやったらうまく仕事の優先順位をつけられるのか、頭をひねってしまう人も多いのではないでしょうか。

その原因の1つは、「優先順位をつける」というのが「動詞」だからです。

「よく考えなさい」「もっと集中しなさい」「勉強しなさい」など、人は動詞で「～しなさい」と言われてもなかなか動きません。

動詞は抽象的で、言われてもピンとこない場合が多く、実際にどう動いたらよいかがわからないのです。

そこで、自分や人を適切に動かすには、動詞を「動作」に変えることが重要です。

「勉強しなさい」なら、「この本のこの部分を読みなさい」「このテキストの問題を全部解きなさい」などと、具体的な動作に置き換えて言ってあげるのです。

では、「エクセル1」を使って「優先順位をつける」にはどうすればよいか、動作を用いて説明すると、以下のような手順になります。

❶まず、緑色のペンでフレームを書きます。フレーム数は業務の量に合わせ

て、8個、あるいは16個を選んでください。ここでは、16個のフレームを使うことにします。

いちばん左上のフレームに、「日付」とテーマ「今日やることは?」を入れます。

❷時間を2分間とって、青色のペンで「今日やること」を書き出します。このときはまだ考えをまとめるプロセスではないので、優先順位などは気にせず、とにかく思い浮かんだものをすべて書き出します。2分以内にすべてのフレームが埋まらなくても大丈夫です。2分たったら終了です。

❸ペンを赤色に持ち替えましょう。そして、書き上げたフレーム全体を眺めながら、「この中で特に重要なものはどれか?」と自問します。

答えになるものを最大3つまで絞って選び、○で囲みます。

「エクセル1」で仕事の優先順位をつける

①「今日やること」を書き出す

2015.12.4 今日 やることは？	企画立てる	出張報告書	出金伝票整理
打ち合わせ PM1:00～	A 社○○さん アポイント	資料読み	講演会 申し込み
契約書コピー	宅急便送る	○○さんに TEL	○○さん ○○さん メール
総務部 ○○さんランチ	～の件相談	ファイル買う	入金記録 の入力

②「特に重要なものはどれか？」の答えを選んで、○で囲む（最大3つまで）

2015.12.4 今日 やることは？	企画立てる	出張報告書	出金伝票整理
打ち合わせ PM1:00～	A 社○○さん アポイント	資料読み	講演会 申し込み
契約書コピー	宅急便送る	○○さんに TEL	○○さん ○○さん メール
総務部 ○○さんランチ	～の件相談	ファイル買う	入金記録 の入力

③「今日中に対応しないとまずいものはどれか？」の答えを選んで、△で囲む（最大3つまで）※○で囲んだものと重なってもかまわない

2015.12.4 今日 やることは？	企画立てる	出張報告書	出金伝票整理
打ち合わせ PM1:00～	A 社○○さん アポイント	資料読み	講演会 申し込み
契約書コピー	宅急便送る	○○さんに TEL	○○さん ○○さん メール
総務部 ○○さんランチ	～の件相談	ファイル買う	入金記録 の入力

④「放置しておくとまずいものはどれか？」の答えを選んで、□で囲む（最大3つまで）
※これまで別の問いかけで選んだものと重なってもかまわない

・複数回囲んだものに、真っ先に取り組む
・複数回囲んだものがなければ、△で囲んだものを優先する

2015.12.4 今日 やることは？	企画立てる	出張報告書	出金伝票整理
打ち合わせ PM1:00～	A 社○○さん アポイント	資料読み	講演会 申し込み
契約書コピー	宅急便送る	○○さんに TEL	○○さん ○○さん メール
総務部 ○○さんランチ	～の件相談	ファイル買う	入金記録 の入力

❹続いて、もう一度全体を眺めながら、今度は「今日中に対応しないとまずいものはどれか？」と自分に尋ねます。

これも答えになるものを最大3つまで絞って選び、△で囲みます（先ほど○で囲んだ答えと重なってもかまいません）。

❺最後に、全体を眺めながら、「この中で放置しておくとまずいものはどれか？」と問いかけます。同じく最大3つまで選び、今度は□で囲みます（これもここまで別の問いかけで選んだ答えと重なってもかまいません）。

❻以上、3つの質問を終えたところで、あらためて全体を見渡してみます。

もし、複数回赤ペンで囲まれたもの（○と△と□全部で囲まれたもの、○と△で囲まれたもの、など）があれば、それがトッププライオリティ。真っ先に最優先で取り組むべき仕事です。

もし、複数回囲まれたものがなければ、「今日中に対応しないとまずいものはどれか？」という問いに対して、△で囲んだものを優先させましょう。

これは裏を返せば、この仕事以外は「最悪今日やらなくてもOK」ということです。無理してやる必要はなく、時間に余裕があればやるようにします。

私のワークショップ受講者の中には、毎朝出社して席に着くとき、必ずこの作業を行うようにしたところ、1日当たりの残業時間がマイナス4時間になった人がいます。終電ギリギリまで仕事に追われる毎日だったのが、20時には退社できるようになったそうです。

この優先順位をつける作業は、1日の仕事を始めるうえで最適なウォーミングアップにもなります。

満員の通勤電車に揺られて、会社に着いたばかりだというのに、なんだか気持ちも体もヘトヘト……ということはありませんか？

こんなとき、「エクセル1」が、少しずつリズムを取り戻してくれます。作業が終わるころには、気持ちも仕事モードに切り替わり、スムーズに仕事をスタートさせられるのです。

※このチャプターで紹介した「エクセル1」の「デジタル版」をダウンロードできます。「サポート特典ページ」に掲載しています（使い方動画もあります）ので、詳しくは巻末の「文庫版あとがき」をご覧ください。

Chapter 3

トヨタで学んだ「紙1枚！」にまとめる技術 ～応用編～

26

論理的に考えをまとめ、わかりやすく伝える「ロジック3」

今まで「あなたの話はわかりにくい」と言われた経験はありませんか？あるいは「自分の主張をもっと論理的に伝えたい」と思ったことはありませんか？

ここまで、「エクセル1」というもっとも基本的なフレームを使って、「情報を整理し、考えをまとめ、伝える」技術を紹介してきましたが、ここからはさらに、「論理的に考えをまとめ、わかりやすく伝える」ことに重点を置いた「ロジック3」という新しいフレームを紹介します。

私が現在公開している「1枚」フレームワーク®の中でも、この「ロジック3」は特に思い入れが強いものです。

なぜなら、私自身、以前は「伝える」ことが苦手で、若手社員のころや学生時代に非常に苦労したからです。

「一生懸命時間を割いて説明しているのに、なかなか理解してもらえない」「そもそも何を伝えたらよいのか、考えがまとめられない」……そんな悩みをカイゼンするために研究を重ね、実践してきたことの集大成が、このシンプルなフレームに込められています。

ちなみに「ロジック3」の名称は、ビジネススクールなどで教わる「ロジックツリー」という思考ツールにならったもの。ただし、本家のロジックツリーを使いこなすのは非常に難しいため、それをトコトン簡単にアレンジしました。

「ロジック3」を使うときの基本的な手順

まず「ロジック3」がどんな形をしているか、次ページを見てください。

基本的にはフレーム数が16個の「エクセル1」の形を応用したものになっています。そこに、「1P?」「Q1?」「Q2?」「Q3?」の4つの質問と、それぞれから3方向に矢印が入っています。

これらの要素を緑色のペンで書くところからスタートです。

今回は例として、自動車の営業を担当しているAさんが「私の仕事を紹介する」というテーマでまとめるケースを考えてみましょう。

❶まず、「1P?」という質問の答えを考えます。

「1P?」とは、「1Phrase?（ひとことで言うと?）」という意味。

論理的に考えをまとめ、わかりやすく伝えるための「ロジック３」

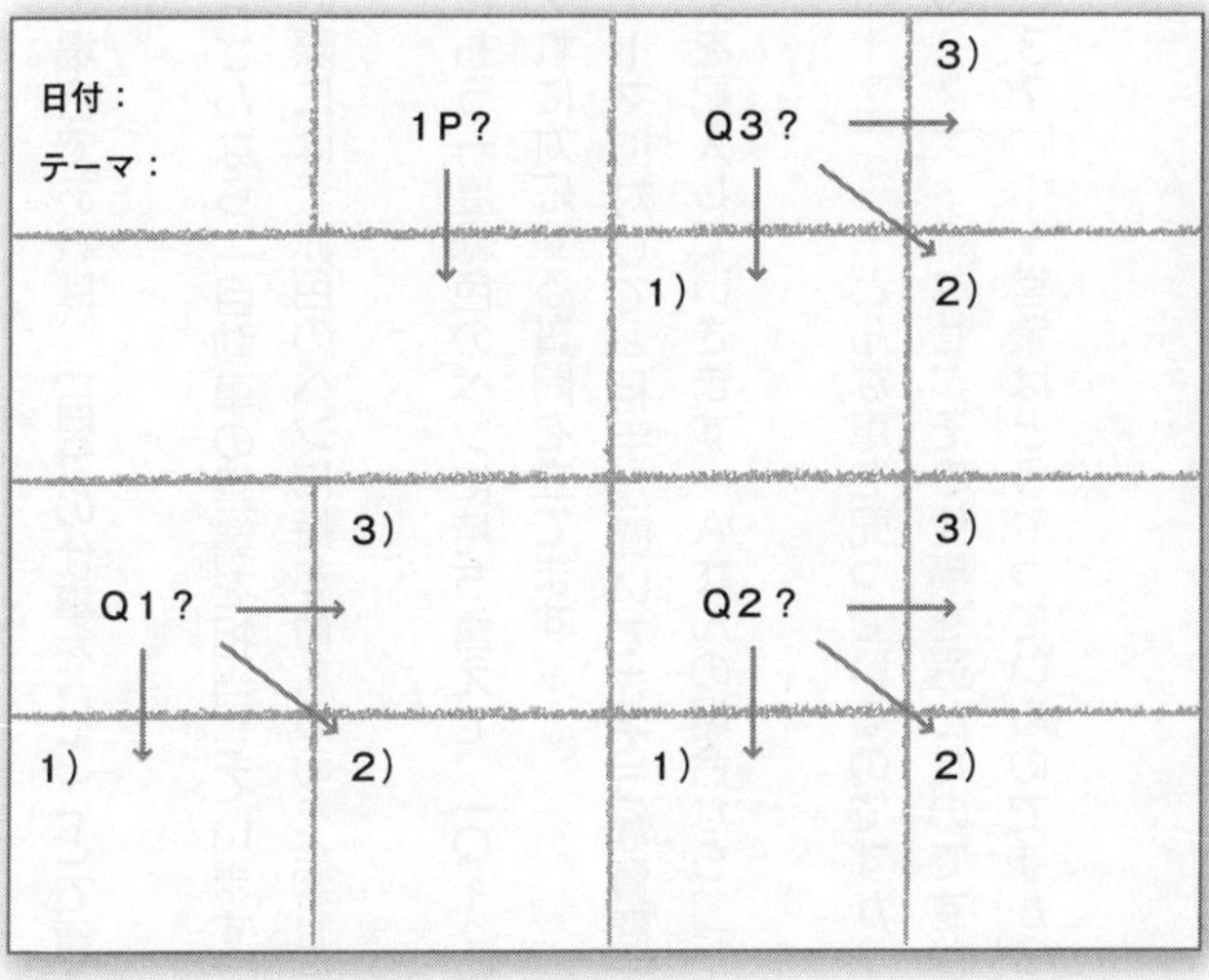

※この「１枚」の「記入フォーマット」をダウンロードできます。「サポート特典ページ」に掲載しています（使い方動画もあります）ので、詳しくは巻末の「文庫版あとがき」をご覧ください。

この場合であれば、「自分の仕事をひとことで言うと何になるか?」を考えます。

Aさんなら「自動車の営業を担当しています」といった具合です。書き込む際には、赤色のペンに持ち替えるのを忘れないように。

❷次にもう一度緑色のペンに持ち替えて、「Q1?」「Q2?」「Q3?」のそれぞれに対応する質問を立てます。

テーマに対して「相手が聞いてきそうな質問」を考え、緑色のペンで質問文を記入していきます。Aさんの場合なら、たとえば次のようになります。

「Q1?」……どんな車を売っているのですか?
「Q2?」……なぜ、その仕事を選んだのですか?
「Q3?」……営業はどうやっているのですか?

もちろん、これらはあくまでも一例ですので、ほかの質問であってもかまいません。ただ、これまでの受講生の中にも、「ここで適当な質問がうまく思い浮かばない……」という人が何人かいました。

そういうときは、次の3つの切り口に当てはめてみるようにお伝えしています。それは「What?」「Why?」「How?」です。

今回のケースであれば、

「Q1?」……どんな車を売っているのですか?=What?
「Q2?」……なぜ、その仕事を選んだのですか?=Why?
「Q3?」……営業はどうやっているのですか?=How?

というようにそれぞれ対応しています。

❸質問を書き込んだら、今度はそれぞれの質問に対する答えを青色のペンで

書いていきます。

Aさんの場合、「どんな車を売っているのですか？」という質問に対して、「ハイブリッド車」「軽自動車」「アクア」という答えが浮かんだとしましょう。最初の2つは車種で3つめは車名ですが、そうした多少のバラつきはあってもかまいません。

無理にそろえようとしなくて大丈夫ですので、それぞれの質問に対して、ひとまず答えを3つずつ探してみてください。

❹フレームの中がすべて埋まったら、これで完了です。あとは、これをもとに説明していけばよいのです。

Aさんの説明は、次のようになりました。

「私の仕事をひとことで言うと『自動車の営業』です。主に乗用車や、軽自動車を扱うことが多いです。その中でも最近では特にアクアが売れ筋ですね（Wha

「ロジック3」で自分の仕事を紹介する

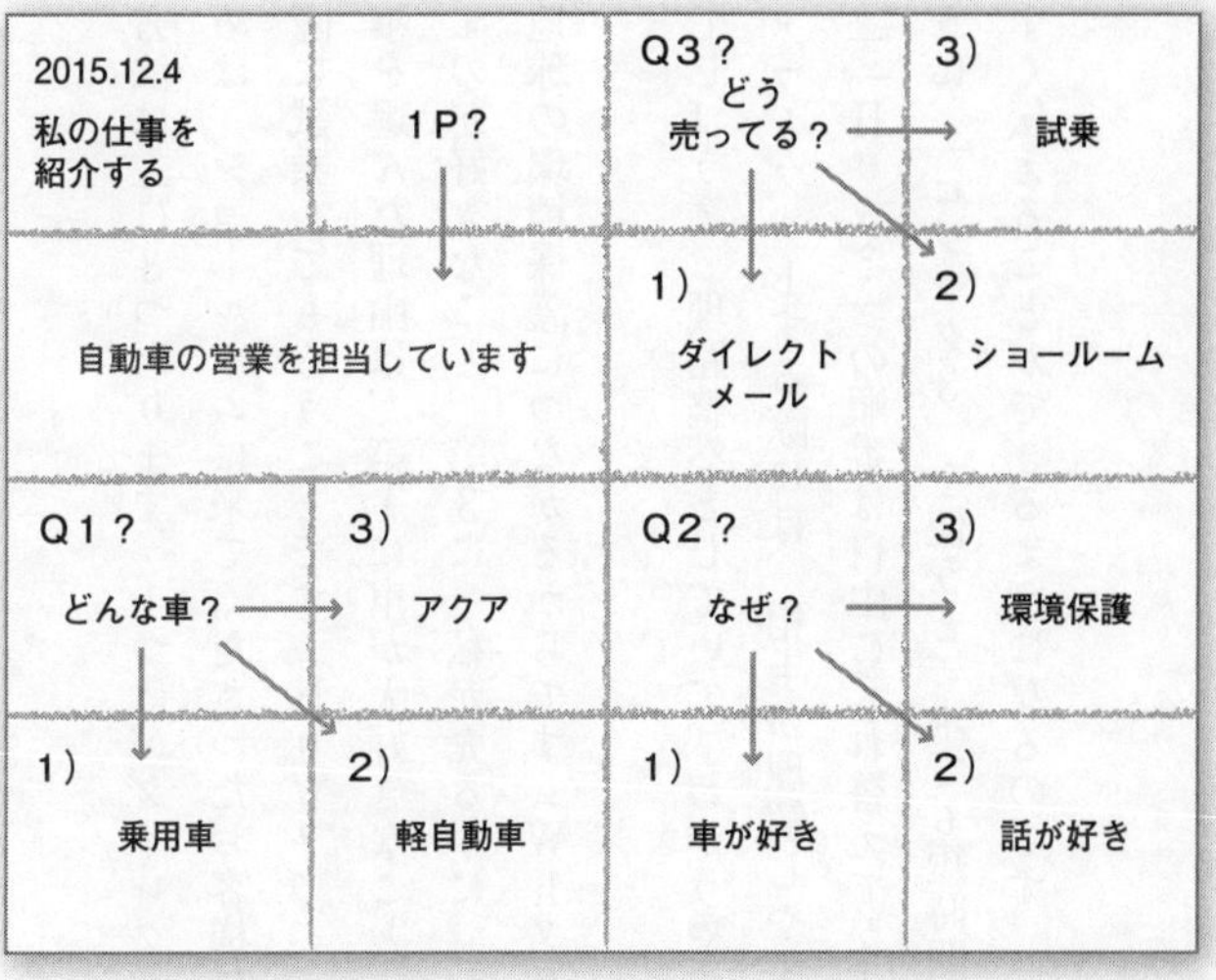

※この「1枚」の「記入フォーマット」をダウンロードできます。「サポート特典ページ」に掲載しています（使い方動画もあります）ので、詳しくは巻末の「文庫版あとがき」をご覧ください。

t？）。

営業の方法は主に3つあります。1つは、ダイレクトメールをお客様に送ること。2つめは、ショールームに来てくださったお客様にご案内をすること。3つめは、実際に試乗してもらうことです（How？）。

この仕事を選んだ理由は、第1に車が大好きなこと。第2に、車のことについて人と話すのが好きなこと、第3に、私が売る車に、お客様に乗り換えていただくことが地球の環境保護につながるからです（Why？）」

いかがでしょう？　理路整然としていて、わかりやすいのではないでしょうか。

実際にアウトプットする際には、相手が理解しやすいように「What？」「Why？」「How？」の順番は自由に入れ替えてかまいません。

このように、「ロジック3」を使うと、誰でも短時間で論理的に考えをまとめ、わかりやすく伝えることができるようになるのです。

27 誰でも論理的に話せるようになる「3つの切り口」

どうして「ロジック3」を使うと、わかりやすく、論理的に伝えることができるのか——そのカギは、先ほどご紹介した「What?」「Why?」「How?」の3つの切り口にあります。

たとえば、次のような場面を想像してみてください。

「今は会社の昼休み。あなたが、自分のデスクでお昼ごはんを食べていると、外にお弁当を買いに行った同僚が帰ってきました。同僚が買ってきたお弁当は、あなたがこれまでに一度も見たことも、食べたこともない『豚肉とバナナの挟み焼き弁当』というものだったとしましょう」

さて、こんなとき、あなたは同僚にどんな質問をするでしょうか。
あなた「それ、何？」
同僚「豚肉とバナナの挟み焼き弁当だよ」
あなた「どうして、それにしたの？」
同僚「おいしいから」
あなた「どんなふうに？」
同僚「甘さとしょっぱさのバランスがいいんだ」
あなた「どこで買ったの？」
同僚「向かいのビルの1階にある小さなお惣菜《そうざい》屋さん」
あなた「へぇ……（自分も買ってみようかな）」
たとえば、こんなやりとりが考えられます。もしほかにも質問があれば、それも含めて想像してみてほしいのですが、あなたがする質問は、いずれも次のように「Ｗｈａｔ？」「Ｗｈｙ？」「Ｈｏｗ？」のどれかに対応しています。

「それ、何？」…Ｗｈａｔ？
「どうして、それにしたの？」…Ｗｈｙ？
「どんなふうに？」…Ｈｏｗ？
「どこで買ったの？」（＝どうやって手に入れたの？）…Ｈｏｗ？

お弁当に限らず、**実は人が何か疑問を解消しようとするときの質問は、ほとんどの場合「What?」「Why?」「How?」の3つに集約される**のです。

たとえば、就職の面接でも「自己ＰＲをしてください」「志望動機は？」「10年後、どのようになっていたいですか？」などと聞かれる場合が多いでしょう。これも「Ｗｈａｔ？」「Ｗｈｙ？」「Ｈｏｗ？」に対応しています。

「ロジック3」では、まず初めに「ひとことで言うと？」を考えます。

誰かに伝えるときも「この企画は、ひとことで言うと○○です」などと切り出します。これに対して、聞き手は必ず「それってどういうこと？」「どうして？」「で、どうするの？」などとツッコミを入れてくるはずです。

「ひとことで言うと○○です」ということをしっかり理解しようとすると、必ず湧いてくる疑問だからです。

ということは、あらかじめこれら3つのタイプの質問を想定して、それに対する答えを用意しておけば、相手が知りたい、聞きたいと思うことについて明確に説明できる——すなわち、「論理的に考えをまとめ、わかりやすく伝える」ことができるのです。

「What?」「Why?」「How?」の順番は柔軟に変えていい

ところで、説明の中では質問の3つの切り口について「Q1?」＝「What?」、「Q2」＝「Why?」、「Q3」＝「How?」の順番でお伝えしましたが、先ほどの仕事紹介の例と同様、この順番は状況に合わせて柔軟に変えてかまいません。

そもそも考えるとは「Q&A」を繰り返す行為です。疑問が1つ浮かび、それについて答えを出すと、その答えがまた新たな疑問を生む……というように。

たとえば新商品の企画についてのプレゼン資料なら、まず「この商品の強みは何か？」という質問を立てて、その答えを書いていきます。すると、その答えに対して「なぜ、それが強みといえるのか？」という新たな問いが生まれます。

あるいは、お弁当の場合であれば、「どうしてそれにしたの？」というあなたの質問に、同僚が「おいしいから」と答える。この答えに対して、「どんなふうに？」という新たな問いが立ちます。

このように、質問と答えの連鎖によって思考が深まるのです。

よって、「What？」→「Why？」→「How？」というように、考える順番を固定してしまうと、質問をうまく想定できなくなってしまいます。そこで、テーマに合わせて順番を臨機応変に変えながら考えるようにしてみてください。

28

「手で書く」作業が論理的な思考回路を鍛える

「このフレームは毎回、手書きで作らなければなりませんか？」

「エクセル1」と同様、「ロジック3」のフレームについても、ワークショップの受講者などからこのような質問を受けることがあります。

私の答えは変わらずこうです。

「最初のうちは、ぜひ手書きで書いてください！」

「エクセル1」のフレームを手で書いていく作業は、仕事を始める際のウォーミングアップになる、と先に述べました。

「ロジック3」のフレームの場合は、仕事のウォーミングアップという面もありますが、それに加えて「思考回路を作る」という役割があります。

論理的にものごとを考えていくには、一定の方法があります。それを紙の上で「見える化」したのが「ロジック3」です。

緑色のペンで「ロジック3」のフレームの線を引いたら、まず「日付」と「テーマ」を書き入れます。次に「1P?」と書き、続いて「Q1?」「Q2?」「Q3?」を書き入れ、それぞれ3方向に矢印を入れていきます。

「1P?」(=ひとことで言うと?)と書くことで、頭はその答えを探すために動き出します。また「Q1?」「Q2?」「Q3?」をクエスチョンマークまでしっかり書くことで疑問形になり、これによっても思考回路が働き始めます。

さらには、それぞれ3方向に矢印を書くことで、3つの答えを導き出そうとする意識が働きます。

このように、「ロジック3」のフレームを手で書くのは、論理的な思考回路を目に見える形で紙に書き出し、その順番に沿って頭を動かすための作業なのです。

いわば、頭の中に論理的な思考回路を作るトレーニングです。

よって、「ロジック3」のフレームの順番に考えていけば、自動的に論理的な思考が身につくことにもなります。

これを続けていけば、やがてわざわざ紙に書き出さなくても、自然と論理的に考える癖がつくでしょう。

ただし、最初のうちはやはり、手書きで作ることを意識してください。

29

「ロジック3」の活用法 その1 新規企画のプレゼン資料を作る

続いて、「ロジック3」の具体的な活用法を紹介します。

まずは、新規企画のプレゼン資料を作る場合。

プレゼン資料は、すでに「エクセル1」で作る方法を紹介していますが、「ロジック3」を使えば、さらに相手に伝わりやすい形で作ることができます。

「ロジック3」を使う場合、「紙1枚」にまとめるプロセスは1つの質問から始めます。

その質問とは、「そもそも、なぜこの資料を作るか?」。

たとえば、メーカー勤務のBさんが、上司に新商品の企画についてプレゼンすることになったとしましょう。

資料の読み手と目的は次のようになります。

・資料の読み手……上司
・資料の目的……企画内容について理解してもらうこと。結果として、上司から企画のゴーサインをとりつけること。

これらをはっきりさせたら、次の手順に移ります。

❶まず、緑色のペンを使って「ロジック3」のフレームを書きます。

❷次に赤色のペンに持ち替えて、「1P?」(=ひとことで言うと?)を考えます。

❸続いてもう一度緑色のペンを持ち「Q1?」「Q2?」「Q3?」のそれぞれに対応する質問を考え、記入していきます。

今回の例であれば、上司が聞いてきそうな質問として、次のようなものが挙げられるでしょう。

「Q1?」……この商品の強みは何か?＝What?
「Q2?」……なぜ、それが強みといえるのか?＝Why?
「Q3?」……どう売っていくのか?＝How?

これを緑色のペンで記入していきます。

もし、あなたの上司が特に「Why?」にこだわる人だったとしたら、

「Q1?」……なぜ、今この商品なのか?＝Why?
「Q2?」……なぜ、自社がこの商品を出すべきなのか?＝Why?

「Q3?」……なぜ、この強みを打ち出す必要があるのか?＝Why?

というように、「Why?」が3つ並んでもかまいません。その場合は、この3つの質問を書いて、それぞれの答えを考えます。

基本的な方向性として「What?」「Why?」「How?」を網羅すればOKだとお伝えしましたが、あくまでも実際の聞き手の傾向に合わせて考えるようにしてください。

❹ここまで書いたら、青色のペンに持ち替え、5分程度の時間をとってフレーム内に質問の答えを埋めていきます。

質問の答えを埋める箇所は3つありますが、これは、キーワードは最大3個までという意味です。あくまでも最大3個ですので、状況に応じて2個になったり1個になったりしたとしてもかまいません。

「ロジック3」でプレゼン資料を作る

・基本は「What？」「Why？」「How？」

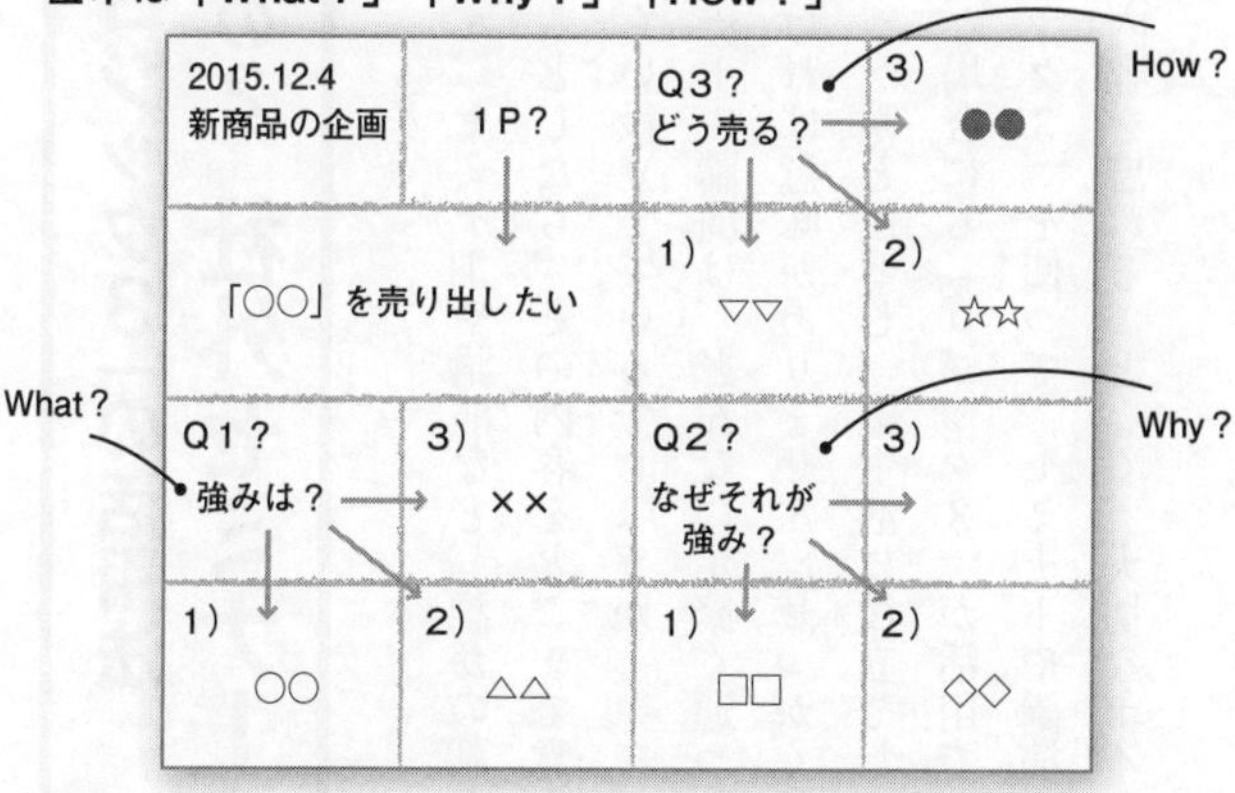

・相手の傾向に合わせて質問の方向性を変える

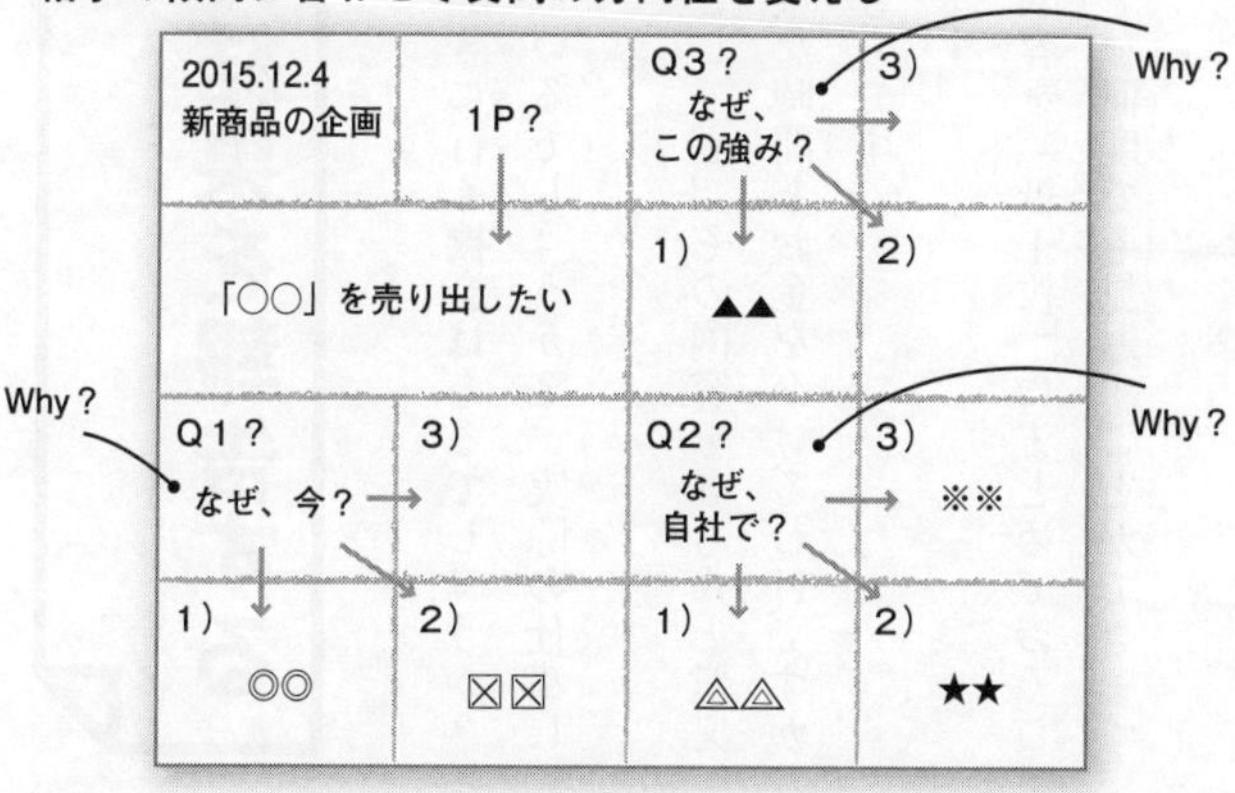

30

「ロジック3」の活用法 その2 社外セミナーの結果を報告する

ふだん、セミナーや講演など、誰かの話を聞きに行く機会はあるでしょうか？もしあるとしたら、その内容をどこまで覚えているでしょうか？　実際の仕事に、どれくらい役立てているでしょうか？

セミナーや講演は、どんなに足繁く通ったとしても、その内容をきちんと覚えていなければ意味がありません。せっかく貴重な時間とお金をかけるわけですから、しっかりと復習し、実生活に役立てたいものです。

こんな場合にも「ロジック3」が活用できます。

「ロジック3」を使って、セミナーや講演の内容を「紙1枚」にまとめておくことで、内容を忘れることなく、大切なポイントを何度でも見返すことができます。

❶まず、緑色のペンで「ロジック3」のフレームを書きます。

❷次に赤色のペンに持ち替え、「1P?」を考えたあと、続いて緑色のペンで「Q1?」「Q2?」「Q3?」のそれぞれに対応する質問を考え、記入していきます。

今回の場合であれば、

「Q1?」……なぜ、このセミナーに参加したのか?＝Why?
「Q2?」……このセミナーで何を学んだか?＝What?
「Q3?」……今回の学びをどう仕事に生かすか?＝How?

というように質問を立てます。

プレゼン資料を作る場合には「What?」に対応する質問を先に考え

ましたが、今回は「Why?」を先に考えたほうが質問を立てやすくなります。この辺りはケースバイケースとなってきますので、テーマに応じて柔軟に変えてもらってかまいません。

❸ここまで書いたら青色のペンに持ち替え、5分程度の時間をとってフレーム内を埋めていきます。

「Q1?」……なぜ、このセミナーに参加したのか?
➡相手の話を理解できないから、プレゼンが苦手だから、残業が多いから

「Q2?」……このセミナーで何を学んだか?

➡紙1枚に書き出せばいい、情報を整理してから考えをまとめるといい、見ながら・見せながら伝える

「Q3?」……今回の学びをどう仕事に生かすか?

「ロジック3」で社外セミナーの結果を報告する

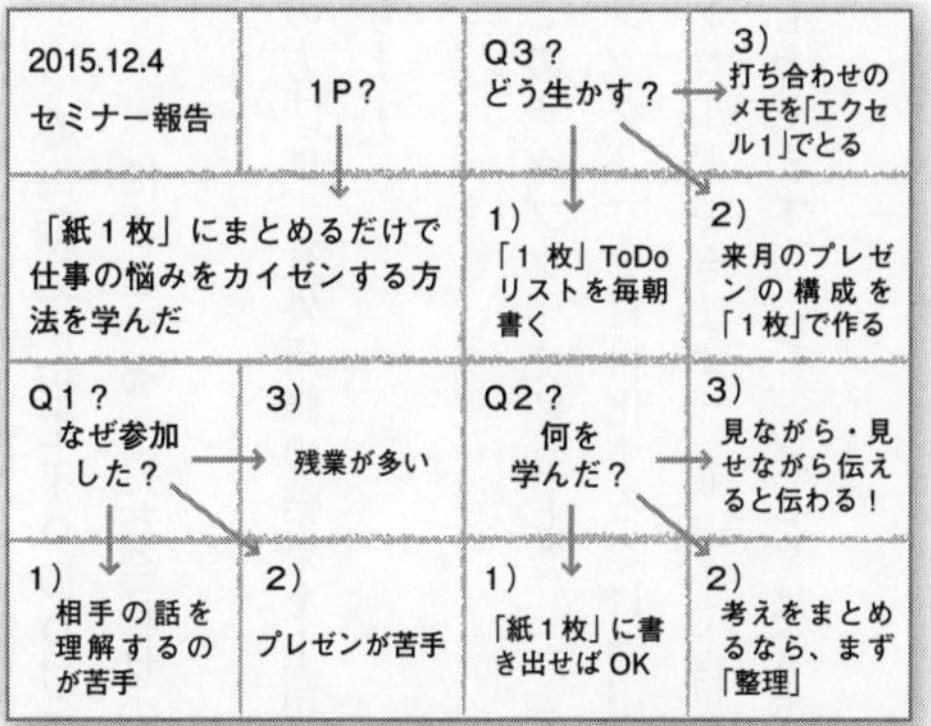
2015.12.4
セミナー報告
1P?
Q3?
どう生かす?
3)
打ち合わせのメモを「エクセル1」でとる
「紙1枚」にまとめるだけで仕事の悩みをカイゼンする方法を学んだ
1)
「1枚」ToDoリストを毎朝書く
2)
来月のプレゼンの構成を「1枚」で作る
Q1?
なぜ参加した?
3)
残業が多い
Q2?
何を学んだ?
3)
見ながら・見せながら伝えると伝わる!
1)
相手の話を理解するのが苦手
2)
プレゼンが苦手
1)
「紙1枚」に書き出せばOK
2)
考えをまとめるなら、まず「整理」

まとめた内容を
そのまま並べれば報告書が完成!

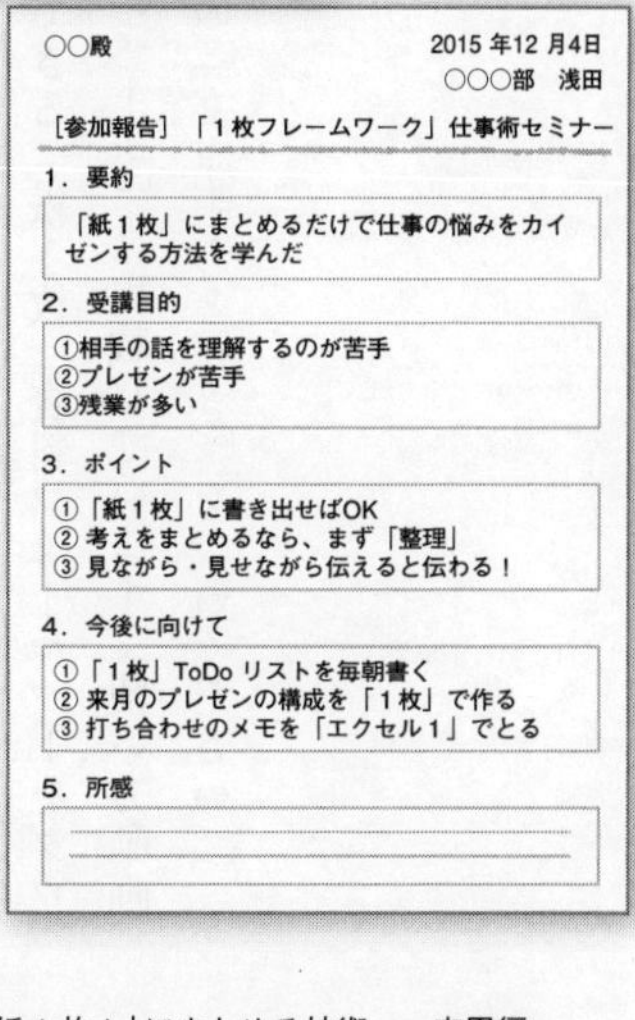
〇〇殿

2015年12月4日
〇〇〇部　浅田

[参加報告]「1枚フレームワーク」仕事術セミナー

1. 要約

「紙1枚」にまとめるだけで仕事の悩みをカイゼンする方法を学んだ

2. 受講目的

①相手の話を理解するのが苦手
②プレゼンが苦手
③残業が多い

3. ポイント

①「紙1枚」に書き出せばOK
②考えをまとめるなら、まず「整理」
③見ながら・見せながら伝えると伝わる!

4. 今後に向けて

①「1枚」ToDoリストを毎朝書く
②来月のプレゼンの構成を「1枚」で作る
③打ち合わせのメモを「エクセル1」でとる

5. 所感

⬇毎朝紙1枚にToDoリストを書く、来月のプレゼンの構成を1枚にまとめる、打ち合わせのメモを「エクセル1」でとる

この方法は、社外研修の結果を上司に報告しなければいけないような場合にも役立ちます。

※このチャプターで紹介した「ロジック3」の「デジタル版」、ならびに「ロジック3」を資料化する際に活用できる「紙1枚」資料フォーマットをダウンロードできます。「サポート特典ページ」に掲載しています（使い方動画もあります）ので、詳しくは巻末の「文庫版あとがき」をご覧ください。

31

「いかに仕事を停滞させないか」が「紙1枚」の本質

トヨタに入社して間もなく、ある案件について上司と打ち合わせをすることになったときのことです。約束の時間になり、手ぶらで会議室に入ると「資料がないなら、打ち合わせはやらない」と、門前払いになってしまったことがあります。それほど、トヨタではすべての仕事を「紙1枚」にまとめる文化が浸透していました。

その後、数々の「トヨタの1枚」を見る中で、私はほとんどの「トヨタの1枚」に、次の3つの内容が盛り込まれていることに気づきました。

❶今、なぜこの仕事が必要なのか？（何のために、この仕事をやっているのか？）

⬇目的（Why？）

❷現在、どんな課題があるのか？（どんな問題を抱えているのか？）

⬇課題（What？）

❸課題に対してどんな手を打っていくのか？（どんな解決法があるのか？）

⬇解決案（How？）

トヨタの社員たちは、常にこの3点を1枚の用紙にまとめておくことに意識を向けていました。そこがおろそかになっていた当時の私は、上司に門前払いをくらってしまったわけです。

「エクセル1」と「ロジック3」があれば必ず仕事は進む

ところで、仕事をしていて「つらい」と感じる状況の典型は、仕事がなかなか進まないときではないでしょうか。

「仕事の進め方がわからない」「問題があるものの、その解決の方法がわからない」「やるべきことが多すぎてどこから手をつけていいかわからない」など、原因はいろいろと考えられますが、とにかく仕事が進まないのはつらいものです。

そんなとき、少なくとも先ほどの3点がはっきりとしていれば、仕事は前に進みます。逆に、この3つが明確になっていなければ、仕事は停滞してしまう。

もうお気づきかもしれませんが、トヨタで働く人たちが「1枚」を作る際に常に意識を向けている「Ｗｈｙ？」「Ｗｈａｔ？」「Ｈｏｗ？」は、「ロジック3」に対応しています。

つまり、仕事が停滞したり、行き詰まったりしたときには、とりあえず「ロジック3」を書いてみるのです。

あるいは、「エクセル1」を使って、「仕事が停滞している原因は何か？」などの問いを立てて、考えてみてもよいでしょう。

私がお伝えしている「紙1枚」にまとめる技術の本質は、実は、「いかに仕事を停滞させないか」という点にあります。

仕事が行き詰まってしまったとしても、とにかく手を動かして書く。止まっている時間があったら、ひとまずは1枚の紙を取り出して、そこに考えを書き出す。手を止めさえしなければ、嫌な停滞感はなくなります。そして、紙の上に書くうちに、次の一歩をどう踏み出せばよいか、そのヒントが必ず見えてきます。

その一歩の向かう先が、正しいのか間違っているのかは、この時点ではさほど重要でありません。とにかく一歩を踏み出して、仕事の歩みを止めないことが肝心なのです。そうすれば、停滞しているときより、気持ちはずっと楽に、そして前向きになるはずです。

32

「5回のWhy?」よりも「5回のHow?」で考える

トヨタには、「なぜ」を5回繰り返す「なぜなぜ分析」という手法があります。有名な習慣なので、耳にしたことのある人も多いでしょう。

この「『なぜ』を5回繰り返す」とは、社内で何か問題が起きたときに、「なぜ?」を5回繰り返して問題の根本的な原因を突き止める、というものです。トヨタ生産方式の生みの親である大野耐一氏が提唱したとされています。

この「『なぜ』を5回繰り返す」習慣が最初に生まれたのは工場でした。

工場では、日々、車の組み立てラインが動いています。また、工場で働く社員たちには、1日の生産台数の目標数が定められています。

組み立てラインは機械ですから、不具合などで止まってしまうこともあります。

こんなとき、その日の目標数がある社員は、一刻も早くラインを再稼働させたいと考えます。そこで場当たり的な対処をして、とにかくラインを動かす。ところが真の問題が解決されていないので、またたびたびラインが止まってしまう……。

このような状況をなんとかするために、「『なぜ』を5回繰り返す」方法が考えられた、といわれています。「機械が止まってしまったら、『それはなぜ？』と考えてみよう」「少なくとも5回は考えて、問題の真因（＝原因の原因の原因、すなわち、より根っこの原因）を突き止めよう」と。

やがてこの「『なぜ』を5回繰り返す」は、デスクワークにも応用されるようになり、私も新人研修のときに学んだ覚えがあります。

「なぜ？」よりも「どうするか？」が問題解決への最短経路

たしかに、オフィスでの仕事でも、問題の根本原因を突き止める必要がある場面は多々あります。**しかし実際に仕事を進めていくうえで実感したのは、「な**

ぜ？」より「どうするか？」を考えるほうが圧倒的に多かったということです。

なぜなら、組織が大きければ大きいほど関わる人も多くなり、ともすれば仕事がすぐに停滞モードに陥ってしまうからです。そんなとき、「『なぜ』を5回繰り返す」を盲目的に実践すると、ますます仕事は滞ります。

そこで、たとえば「スケジュールを間に合わせるためにどうするか？」「クレームに対してどううまく対処するか？」「仕事の効率を上げるためにどうするか？」というように、**「どうするか？」**を軸に問いを立てたほうが機能するのです。

反対に、「なぜ？」で仕事を進めると、考えが当初の目的と違った方向に行ってしまう場合もあります。

たとえば企業のホームページをリニューアルしよう、という企画が持ち上がったとしましょう。

最初の「なぜ、リニューアルの必要があるのか？」を考えるのはもちろん重要なテーマです。ただし、誰もが納得できる答えがいくつか出てきた時点で、今度は「どうやってリニューアルを進めるか？」に思考を切り替えたほうが仕事は進みます。

　ここで、あまりにも「『なぜ』を繰り返す」ことを信奉しすぎると、思考を切り替えられずに、いつまでも「なぜ？」を追求してしまう事態になりかねません。「なぜ、リニューアルの必要があるのか？」を超えて、「なぜ、自分たちの部署がリニューアルの担当をしているのか？」「なぜホームページというメディアが普及したのか？」「なぜトヨタがこのホームページを運営しているのか？」……と、当初の目的からはるか遠く離れた話になってしまうのです。当然、仕事は前進しません。

　要はバランスが重要なのですが、特に現在のような変化のめまぐるしい時代においては、「Ｗｈｙ？（なぜ）」以上に「Ｈｏｗ？（どうやって）」を重視すべきだと私は考えています。

　課題に対して具体的にどんな手を打っていくのか、どうやって問題を解決していくのか。そこを中心に、スピード感を意識しつつ考えていくわけです。

33

最終的なゴールは「紙0枚」で仕事ができるようになること

「おーい、浅田！」

トヨタ勤務時代、自分のデスクで仕事をしていると、ときどき上司からお呼びがかかることがありました。

上司のもとへ行くと、上司は1枚の書類を見せながら聞いてきます。

「これ、どういうこと？」

その書類は、ほかの部署から上司に回ってきたもので、内容は私が担当していた業務に関するものでした。

私はその場で、書類を一読して答えます。

「これはですね……ひとことで言うと、○○さんがこの部分のコンテンツ変更に反対しているんです。けれども、すでに部長の決裁はとっていて、制作サイドとの話も進んでいますので、そのまま伝えていただければ大丈夫です。もし、具体的なご意見を聞かせていただけるようでしたら、明後日に制作会社との打ち合わせがありますので、そこに同席していただいてかまいません」

「そうか、わかった」

たとえばこんなふうに、仕事の現場では時に突然の質問にも答えられる力が求められます。その場で即座に情報を整理し、考えをまとめ、伝えるべきことを伝えなければならないのです。

もし、このときに、「ちょっと待ってください。夕方までにお答えします」などと答えていたらどうでしょう。

多忙な上司と次に直接話ができるまでに、また数日待たなければならないかもしれません。はたしてそれで、あなたが望むキャリアを歩むことはできるでしょうか？　本当に相手の役に立つ働き方ができるでしょうか？

私がこれまで出会ってきた「仕事のできる人」というのは、こうした突発の場面であればあるほど、すぐれたコミュニケーション能力を発揮する人です。

そもそもなぜ、「紙1枚」にまとめる技術が必要なのか？

私はここまで「エクセル1」と「ロジック3」という2つの道具を使って、情報を整理し、考えをまとめ、伝える技術をお伝えしてきました。そして、仕事に関するあらゆる情報を紙1枚にまとめることによって、それがさまざまな機能を発揮してくれるということが、少しはわかっていただけたかと思います。

ところで、あなたはそもそもなぜ、こうした技術を学んだのでしょうか？

この「紙1枚」にまとめる技術を学び、実践することで、いったいあなたのどんなところがカイゼンされるのでしょうか？

私がもっとも大きな要素と捉えているのが、「伝わるかどうか」「相手が受け取れるかどうか」という視点です。

初めのうちは、「自分の頭のごちゃごちゃを整理したい」「自分なりの意見を効率よくまとめていきたい」という動機があって、もちろんかまいません。しかし、徐々に次のような動機も育てていってほしいのです。

「こんなごちゃごちゃした状態じゃ○○さんに理解してもらえず迷惑がかかる」

「何の考えもなしに会議でダラダラしゃべったら、みんなの時間を奪ってしまう」

これが「伝わるかどうか」という視点による動機です。

そして、こうした自分目線から相手目線への切り替えの先にあるのは、「紙0枚」の状態でも仕事ができるようになる、という最終ゴールです。

先ほど書いたように、仕事の現場では常に瞬発力が求められます。即決、即行動しなくてはならない場面が多々あります。多忙な相手と話し合えるチャンスは、今目の前の30秒を逃せば、次は1か月後かもしれません。

こんなとき、紙とペンを用意して考えている時間はありません。たとえ手元に資料がなかったとしても、瞬時に情報を整理し、考えをまとめ、伝えなければなりません。

「エクセル1」や「ロジック3」を使ってまとめる作業は、そのための思考のトレーニングなのです。いずれは紙やペンなしでも伝えられるようになるための、考え方の癖をつける基礎練習なのです。

日々、「エクセル1」や「ロジック3」といった「1枚」を使って整理し、考えをまとめ、その数が10枚、20枚……と増えていくと、自然と頭が「そもそもこの仕事は何のためにやるのか？」「ひとことで言うとどうなるか？」「3つのポイントを抽出するとどうなるか？」などと考えるようになります。そしてこれらの問いがそのまま、「伝わるかどうか？」という視点で考えることにもなるのです。

これまで紙面上に書き出していた頭の中の動きを、瞬時に、自然にできるようになれば、もう紙は必要ありません。「紙0枚」で仕事ができるようになるわけです。

あなたもぜひ、その状態を目指して、「仕事のできる人」の仲間入りをしてください。

34 「選ばれ続ける」かどうかは〝紙一重〟の差で決まる

就職試験の際のエントリーシート、昇進試験の小論文、転職の際の履歴書……。たった1枚の紙が、人生を左右することがあります。

振り返れば、私のこれまでの人生も1枚の紙にずいぶん左右されてきました。

就職活動中は、何枚ものエントリーシートを書き、そのたびに落とされました。唯一「これぞ納得の1枚」というエントリーシートが書け、内定をもらうことができたのがトヨタでした。

入社後は、トヨタの「紙1枚」にまとめる文化を徹底的に活用しました。

マーケティング業務の予算管理をする部署にいたときには、カイゼン策を何度となく1枚にまとめました。

その部署では、必要な書類のもれ、記載の間違い、支払いでの誤った会計処理などといったミスがたびたび発生していたのです。その原因を分析し、1枚にまとめることで、問題点を「見える化」し、ミス防止策を盛り込んだ新たな業務マニュアルを作ったのです。

それらを通じて評価を積み上げたことで、幸いにもその後の海外赴任など、希望通りのキャリアへとつながっていきました。

また、「はじめに」でもお話ししたように、私の作った1枚の書類が上司の目にとまったことがきっかけで、大きなプロジェクトを成功させることもできました。

そして今、私は「1枚」をキーワードに、10000人を超えるビジネスパーソンの方々に、情報を整理し、考えをまとめ、伝える技術を提供する仕事をしています。

「1枚」のおかげで、さまざまな場面で「選ばれ続ける」ことができたのです。

あなたにも選ばれ続ける人になってほしい――。

選ばれ続けることで、望み通りの人生を送ってほしい――。

私がこの仕事術をお伝えするもっとも大きな動機が、ここにあります。

そのために必要なのは、情報を整理し、考えをまとめ、伝える力です。

私たちをとりまく情報は数十年前に比べて、爆発的に増えました。また、情報へのアクセスも実に簡単になりました。

おかげで生活は大変便利になりました。しかし便利になっていく一方、私たちのまとめる力はどんどん衰えてきています。

膨大な情報を取捨選択し、必要な情報を抽出し、情報と情報を組み合わせたり、関係性を見出《みいだ》したりするなどして、自分なりの意見や考えを生み出す力が弱まっているのです。

この力が弱ければ、「選ばれ続ける」ことは容易ではありません。

そこで、本書でお伝えしている「紙1枚」にまとめる技術、すなわち、「エクセル1」や「ロジック3」を使った思考のトレーニングを身につけてほしいのです。

このトレーニングは、とにかく実践してみることがもっとも重要です。ペンと紙を用意し、手を動かして書いてみる。手元にノートがなかったら、コピー用紙の裏紙でも何でもかまわないので、とにかく書いてみてください。

さあ、さっそく始めましょう！

おわりに

「浅田さん、この話は、聞く人が聞いたら100万円以上の価値がある。だから、あまり気安くおおっぴらにはしないほうがいい」

これは以前、ある受講者の方から直接いただいた言葉です。長年にわたり第一線で広告制作に携わっているプロフェッショナルの方だったので、私にとって自信につながる、とても心強いメッセージでした。

話した内容は、要するにこの本でここまで書いてきたことです。

まったく出し惜しみせず公開してしまったわけですが、そのとき、ホワイトボードに237ページのような図を描きました。

この三角形を使って、「『伝わる』の本質は山登りのようなもの」というお話をしたのです。

具体的には、まず、左下のふもとから左側の斜面に沿って頂上へと登っていく段階。この段階では、数多くある「伝えたいこと」を、たとえば15個→7個→3個→1個というように絞っていく流れです。

伝える前に、まずはこの〝登山〟を終えておきましょう、と説明しました。

一方、人に伝える段階、すなわち〝下山〟のプロセスはこれとは逆です。

今度はまず1個に絞り込んだ頂上のメッセージから伝えていきます。「要するに、私が伝えたいことをひとことで言うと……」という具合に。

ただし当然、ひとことだけで相手にわかりやすく伝えるのは難しいので、「どういうことかというと、ポイントは3つあって……」という具合に、今度は右側の斜面を少し下って行って、3個の段階の話をします。

それでも不十分ということであれば、7個、15個の段階まで下りて行って、必要なキーワードを補いながら説明していく。

これが、私自身や、私がこれまで出会ってきた「伝える」ことが得意な人たちに共通する頭の中を、私なりに「見える化」したモデルです。

こうして、「伝わる」プロセスを登山にたとえて三角形の図解に変換したところ、冒頭のコメントをもらうことにつながったわけです。

本書で紹介した「エクセル1」にせよ「ロジック3」にせよ、やっていることはこの山登りを通じた、**「伝えたいこと」を相手にとってわかりやすい内容へと絞り込んでいくプロセス**です。

それは同時に、繰り返しお伝えしてきた「整理し」「考えをまとめ」「伝える」プロセスともぴったりと重なります。

これまで、数多くのトヨタ関連本が発売されてきましたが、学術的なものからライトなビジネス書、雑誌の記事なども含め、手に入る限りのものには目を通し

「伝わる」の本質は山登りのようなもの

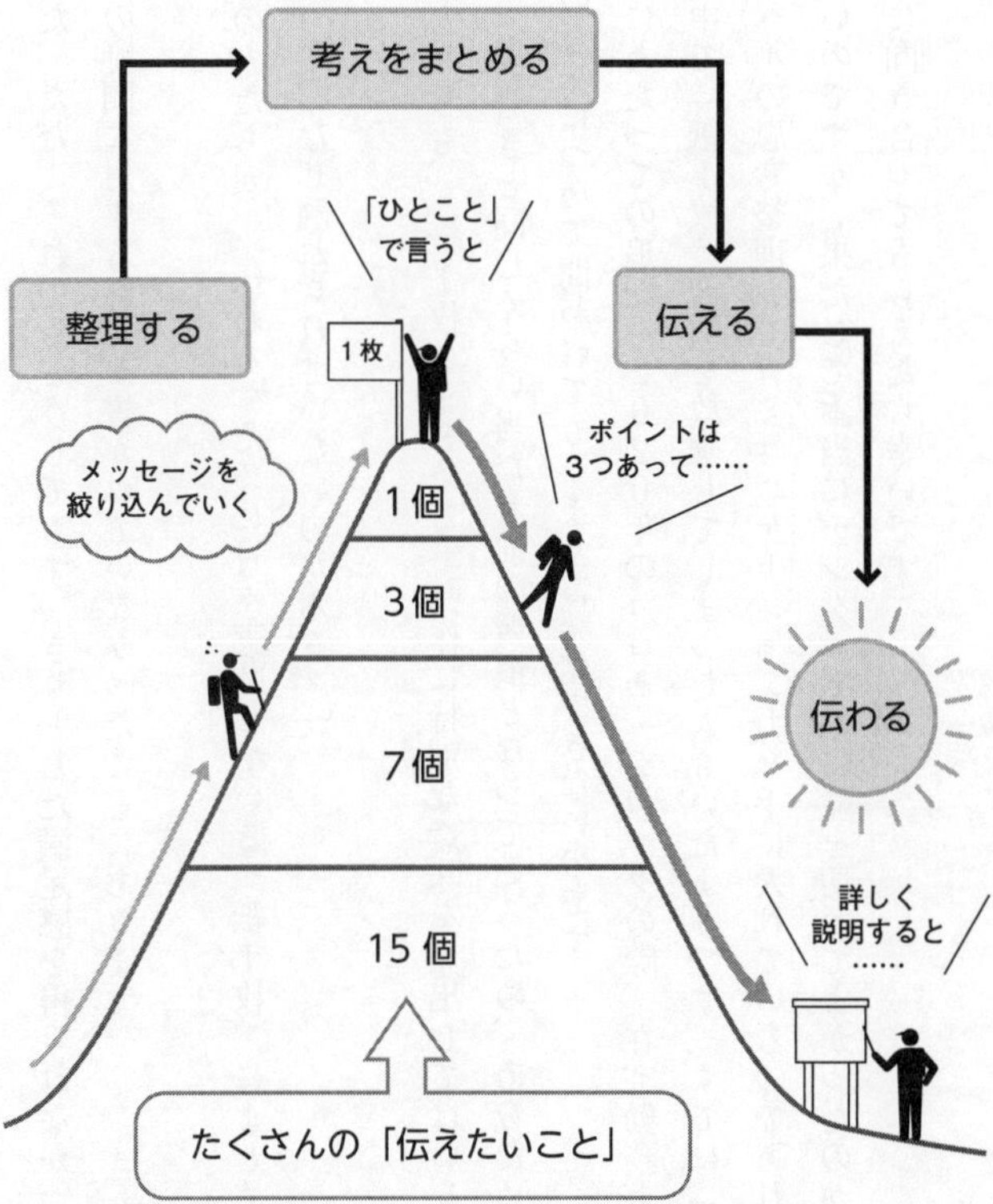

てきました。ただ、それでもどうしてもすっきりとした満足感を得られなかったのは、次の疑問に対する答えが書かれていなかったことにあります。

「トヨタの人たちが、『伝わる』ために日々実践している『紙1枚』にまとめる動作について、なぜ触れられていないのだろう？」

当の本人たちも、「紙1枚にまとめる」動作に特別な意味を見出してはいないようです。歯磨きと同じくらい当たり前の習慣となっているため、あらためて「1枚」の意味について問われてもうまく言語化できないのです。

（文庫化にあたっての追記：2020年のコロナ・ショックの際、在宅勤務を強いられる中で「紙1枚」習慣を放棄してしまった人もいたようです。すでに「紙0枚」レベルの思考整理力やコミュニケーション力を手に入れているのであれば問題はないのですが、果たして本当にデジタル完結に舵を切ってよかったのか。この機会に向き合ってもらえたら幸いです）

言語化できる人が少ないからこそ、私は今回このテーマを扱いました。

加えて、先ほどのエピソードを通じてお気づきかもしれませんが、私の関心の中心は「トヨタ」でも「1枚」でもなく、「伝わる」ということにあります。「伝わらない」がゆえに、これまでの人生で不本意な思いをしてきた人のために、「動作レベル」で実践できる〝道具〟を手渡したい——。

そんな思いから、自身の体験をベースに、「1枚」をテーマにした仕事術をまとめました。もし20代の自分がこの本を書店で見つけたら、「こんな本を待っていた！」と喜び勇んでレジに持っていく……そんな本にしようと願いながら。

ぜひ、少しでも活用できそうであれば、さっそく実際に使ってみてください。

最後に、この本を世に出せることになったのは、サンマーク出版の平沢拓さんのおかげです。彼が私のワークショップの体験セッションを申し込んでくれたところから、すべてのご縁が始まりました。

原宿のとあるカフェでひと通り講義をしたあと、おもむろに名刺を差し出されたときの驚きを、今でも鮮明に覚えています。こうして本としてまとめてくださったことを、あらためて深く感謝するとともに、このご縁が今こうして本を読んでくださっているあなたにもつながっていくことを、心より願っています。
最後までお読みいただき、ありがとうございました。

二〇一五年一月

「1枚」ワークス　浅田すぐる

文庫版あとがき

まえがきにも書いた通り、本書は「読んで」満足ではなく、「使って」満足してほしい本です。そこで、この後の行動の後押しになるようなことをいくつか書いておきます。

この本の単行本は、2015年のビジネス書ランキングにおいて月間1位、年間4位を獲得し（全国出版協会の統計に基づく）、25万人を超える読者に読んでもらっています。海外でも5カ国で翻訳され、いまだに中国語や英語で感謝のメッセージが届く状況が続いています。

こうした情報によって、多少なりとも「試してみる価値はありそうだ」と感じてもらえたのであれば幸いです。

何より、実際にこの手法を実践した読者の方々から、次のようなメッセージを数多く受け取ってきました。

「残業時間がゼロになり、定時で退社できるようになりました」

「上司から一人前になってきたと評価されました」

「今までボコボコにされていた相手にプレゼンしたところ、拍子抜けするほどあっさりOKがでました」

「ロジック3のおかげで、昇格試験を突破することができました」

「営業成績が上り、昇給しました」「希望部署に異動できました」

「転職を実現することができました」「社長になりました」

「独立起業の夢を叶えられました」「出版デビューできました」等々。

これらはほんの一例です。共通点は、ただ1つ。

書かれている内容を「やったか」「やらなかったか」。これだけです。

それでもまだ、読むだけですませてしまいそうだというのであれば……。

そんな読者の方のために、「実践サポート特典」を用意しました。活字ではなく動画等も活用して、更なる後押しをしたいと思い作成しました。必要であれば、次のＵＲＬ（もしくはＱＲコード）から詳細を確認してください。

実践サポート特典の公開ページ：
https://asadasuguru.com/bunko

ちなみに、この特典は「文庫化感謝」特典という位置づけも兼ねています。過去の単行本や、私の別の著作を読んでくださっている読者さんにも満足してもらえるようにしてあります。既存・新規問わず活用いただけたら嬉しいです。

最後に、本書は編集の佐藤理恵さんをはじめ、多くの方々の尽力によって文庫化を実現することができました。この場を借りて深く感謝申し上げます。

単行本　二〇一五年二月　サンマーク出版刊

サンマーク文庫

トヨタで学んだ「紙1枚！」にまとめる技術

2021年5月10日　初版印刷
2021年5月20日　初版発行

著者　浅田すぐる
発行人　植木宣隆
発行所　株式会社サンマーク出版
東京都新宿区高田馬場2-16-11
電話 03-5272-3166

フォーマットデザイン　重原 隆
本文DTP　山中 央
印刷・製本　三松堂株式会社

落丁・乱丁本はお取り替えいたします。
定価はカバーに表示してあります。

ISBN978-4-7631-6125-3　C0130

ホームページ　https://www.sunmark.co.jp